La educación y la enseñanza primaria de 6 a 8 años

ernabé Tierno • Montserrat Giménez

La educación y la enseñanza primaria de 6 a 8 años

¡Juega conmigo!

La imaginación • **Aprender a aprender** • **El mundo alrededor**
ctitud y aptitudes • **La lectura y la escritura: el apoyo en casa**

AGUILAR
Santillana Familia

© 2004, Bernabé Tierno
© 2004, Montserrat Giménez

© De esta edición:
   2004, Santillana Ediciones Generales, S. L.
   Torrelaguna, 60. 28043 Madrid
   Teléfono 91 744 90 60
   Telefax 91 744 90 93

- Aguilar, Altea, Taurus, Alfaguara, S. A.
  Beazley 3860. 1437 Buenos Aires
- Aguilar, Altea, Taurus, Alfaguara, S. A. de C. V.
  Avda. Universidad, 767, Col. del Valle,
  México, D.F. C. P. 03100
- Ediciones Santillana, S. A.
  Calle 80 Nº 10-23
  Bogotá, Colombia

Diseño de cubierta: Agustín Escudero
Dibujo de cubierta: Rubén Villanueva
Ilustraciones: Pablo Espada

Primera edición: enero de 2004

ISBN: 84-03-09414-0
Depósito legal: M-51.448-03
Impreso en España por Unigraf, S. L., Móstoles (Madrid)
Printed in Spain

A Pepe y Carmen, mis padres

Índice

Prólogo

Cada vez son más los padres que, como tú, están interesados en conocer las estrategias y actitudes que favorecen una educación de calidad. Y es que cada vez somos más conscientes de que necesitamos conocimientos y apoyos para dar a nuestros hijos todo aquello que necesitan.

Nuestra sociedad cambia a pasos agigantados y cada día se hace más compleja. Por eso parece que en la actualidad resulta mucho más complicado educar que hace unas décadas. Los padres demandan con mayor frecuencia pautas educativas y criterios para actuar que permitan crear relaciones afectuosas con sus hijos, sin por ello restar importancia a la transmisión de normas y valores, tan importantes en su desarrollo.

Tu hijo ahora tiene entre 6 y 8 años. Está avanzando hacia la autonomía, es decir, cada vez está más capacitado para hacer cosas por sí solo. Te sigue necesitando en el plano afectivo y constituyes uno de sus puntos de referencia más importantes.

Conocer cómo se siente, cómo actúa y cómo piensa te permitirá proporcionarle todo aquello que le hace falta para sentirse y crecer bien.

Su nivel de razonamiento y el desarrollo de su lenguaje te permiten tratarle casi como a un adulto. Pero no olvides que sigue siendo un niño. Quizá tengas otro hijo algo menor y al compararlos te parezca que la diferencia es abismal. Es cierto. Tu hijo mayor sabrá hacer muchas más cosas, pero todavía precisa de tu apoyo y supervisión para otras muchas.

Otro cambio importante en estas edades es la importancia que empiezan a cobrar las relaciones con personas del entorno cercano. El profesor y los compañeros de clase se convierten, poco a poco, en referentes también esenciales en la construcción de su autoestima.

Y es posible que también surjan dificultades. Forman parte del desarrollo de cualquier persona y de cualquier relación. Muchas de éstas pueden estar asociadas con las nuevas exigencias con las que se va a encontrar en la escuela. Los problemas de aprendizaje pueden surgir desde el mismo momento en que se empieza la escolaridad, y es importante estar atento para, sin caer en alarmismos innecesarios, ir encontrando soluciones. No nos cansaremos de repetir, a lo largo de estas páginas, la relevancia que cobra la relación con el profesor para detectar dificultades y buscar la forma de superarlas.

Por todo ello surge este libro. Posiblemente pienses que tus padres nunca necesitaron un libro para educar, y tú consideras que fuiste educado de forma adecuada. Y es cierto. Pero las circunstancias en las que tú creciste son muy diferentes a las actuales.

Muchos padres se sienten culpables porque tienen problemas con sus hijos. Les cuesta hablar de ellos porque piensan que los demás creerán que es un mal padre o una mala madre. Nada más lejos de la realidad. Es completamente normal que no siempre sepamos cómo actuar y, desde luego, lo más inteligente es buscar la ayuda y el apoyo que necesitamos para resolver nuestras dificultades.

¿Qué es lo que vas a aprender en este libro?:

• En primer lugar, vas a adquirir unas nociones básicas del desarrollo de tu hijo en sus múltiples facetas. Para estudiar al ser humano, los psicólogos, pedagogos, filósofos, médicos, etc. han tenido en cuenta diferentes dimensiones: el crecimiento, el pensamiento, la conducta motora, los afectos... Todas ellas están íntimamente relacionadas, pues no se pueden entender por separado. En este libro encontrarás las características más importantes en cada una de estas áreas y todas juntas te permitirán tener una visión global del desarrollo de tu hijo.

- En segundo lugar, a partir del desarrollo del niño, empezarás a descubrir lo que tu hijo necesita de ti. Y ya te adelantamos que va a ser básicamente afecto. Desde el auténtico cariño se pueden lograr muchas cosas, porque el que ama de verdad acepta sin límite y ésa es la base para poder construir una adecuada personalidad.

- Por último, las pautas educativas más eficaces para ayudarle a madurar de forma adecuada. Somos conscientes de que educar no es una tarea sencilla, y es normal que surjan dificultades, bien por el propio desarrollo del niño o bien por el tipo de relación que vamos estableciendo. En este libro, encontrarás pistas, estrategias, claves..., que te permitirán descubrir qué es lo que mejor se adapta a la relación que mantienes con tu hijo.

Ahora bien, no existen soluciones mágicas. La educación no es un listado de problemas y de soluciones. Incluso la misma dificultad en dos familias diferentes, puede requerir una intervención distinta en función de las peculiaridades de cada una de ellas. Las estrategias y claves que te ofrecemos son válidas en muchos casos y la mayoría de ellas funciona si se aplica de forma adecuada. Pero existen situaciones más complicadas que realmente no podemos manejar nosotros solos. En ese caso, la intervención de diferentes profesionales se hará imprescindible.

Pero tú vas a educar, y lo vas a hacer desde todo cuanto eres, sabes, sientes y piensas... Por eso, la relación con tu hijo te va a permitir también descubrirte a ti mismo, saber cómo reaccionas ante las diferentes situaciones, cómo te manejas cuando él se pone a gritar y tú no sabes dónde meterte... o cuando te trae una cosa que ha hecho para ti en el colegio... Se trata de un proceso enormemente rico tanto para tu hijo como para ti, que merece la pena disfrutar.

En la última parte del libro, encontrarás el capítulo dedicado a la salud. Para realizarlo, hemos contado con la colaboración de la doctora María Sáinz, presidenta de la Asociación de Educación para la Salud, a quien agradecemos que haya compartido con nosotros su experiencia y profesionalidad.

También queremos agradecer la colaboración del profesorado, que nos ha ayudado a delimitar los problemas más frecuentes entre los niños de 6 a 8 años y aquellas indicaciones que, desde su experiencia, considera más adecuadas para resolverlos.

Una vez más queremos insistir en la importancia de colaborar con los profesores que se ocupan de la educación de nuestros hijos. Ellos son corresponsables, junto a los padres, de una tarea fundamental cuyo protagonista es el niño. Merece la pena trabajar juntos.

Se abre ante ti un mundo apasionante: la educación de tu hijo. Y este libro pretende ser una ayuda para acompañarte en ese proceso, permitiéndote descubrir los cambios más significativos y las claves que te permitan contribuir al desarrollo de tu hijo.

Por último, te animamos a que participes activamente en ese proceso de aprendizaje que inicia tu hijo. Él es el que mejor te puede enseñar la importancia de que estés a su lado.

Los autores

PRIMERA PARTE
EL DESARROLLO EVOLUTIVO DEL NIÑO

CAPÍTULO I
El desarrollo de nuestro hijo

Tu hijo ya va al colegio. Es posible que en los años anteriores haya estado en una escuela infantil, pero es ahora cuando *oficialmente* se le considera un estudiante. El nivel de exigencia va a aumentar, los objetivos a conseguir están más estructurados, y los contenidos que tiene que aprender son muchos y muy variados.

La incorporación al colegio, y al ritmo de trabajo que conlleva, va a exigir a tu hijo que ponga en marcha todas las potencialidades que tiene. Se encuentra en un buen momento para aprender: domina el lenguaje casi como el adulto, su forma de pensamiento es mucho más rica y va adquiriendo más habilidades para relacionarse con los demás.

Tu hijo te va a seguir necesitando, aunque ahora parezca que es más autónomo. Se viste sin problemas, maneja los cubiertos con soltura, juega con otros niños y no reclama tanto tu atención. ¿Es que ha dejado de quererte? No, en absoluto. Si tu hijo se está independizando es porque has logrado establecer con él una relación muy segura a partir de la cual se *atreve* a entrar en contacto con un mundo más amplio. Y por supuesto, el afecto sigue ahí, y debe seguir estando, pues sólo a partir del cariño podemos conseguir una educación de calidad.

A continuación te ofrecemos los cambios más significativos que se van a producir en el desarrollo de tu hijo entre los 6 y los 8 años. Ten en cuenta que cada niño es una persona diferente, y su proceso de cambio, de crecimiento y maduración posee sus propias características. Lo que te mostramos son algunas características de su desarrollo, pero en cada niño se establecen con un ritmo y de una manera diferentes.

Conocer lo que le pasa puede ayudarte a entender mejor a tu hijo, para poder así establecer una relación educativa que le permita desarrollarse de forma adecuada.

Aunque te presentemos los contenidos en apartados diferentes, todo está íntimamente relacionado. No podemos entender por qué un niño de 6 años aprende a escribir en este momento sin tener en cuenta que ahora sus movimientos son mucho más finos que en años anteriores. Lo que atañe a los movimientos afecta al pensamiento, y viceversa: lo concerniente a los sentimientos influye en sus relaciones con los demás... y así con todas las dimensiones de la persona.

No olvides que...

Aunque estudiemos el desarrollo del niño, éste no siempre se produce al mismo ritmo. Cada persona va adquiriendo las habilidades propias de su edad cuando está preparado para hacerlo y, en principio, se considera normal que exista cierta diferencia entre los momentos en que dos niños aprenden a hacer la misma cosa. En este libro encontrarás las adquisiciones más relevantes que se producen en el periodo entre los 6 y los 8 años, pero recuerda que las edades son sólo indicativas y que existen excepciones que están dentro de lo normal.

Y no te olvides de los meses. No es lo mismo un niño que empieza el colegio con 7 años cumplidos en el mes de enero que ese otro que los va a cumplir en el mes de diciembre. Se llevan casi un año y eso se va a notar en su desarrollo cognitivo, motor, etc. Solemos caer en el error de comparar sin darnos cuenta de este dato. Y por encima de todo, independientemente de cuándo haya nacido, lo cierto es que cada persona tiene su propio ritmo, y contribuiremos más y mejor a su desarrollo si empezamos por aceptarle tal y como es.

¿Por qué hablamos de desarrollo?

Desde que la infancia cobró el valor que hoy en día se le reconoce se han realizado numerosos estudios que tratan de determinar cómo evoluciona el niño a lo largo de su crecimiento. Se comprueba así que existen diferentes fases o etapas por las que vamos pasando de una manera determinada. Por eso conviene saber, de cada uno de esos momentos, qué es lo que el niño puede o no puede hacer, qué será capaz de entender y qué no. Y es que, aunque tu hijo de 6, 7 u 8 años te parezca ya un adulto, lo cierto es que sus características son muy diferentes a las tuyas y, por lo tanto, también sus necesidades.

LOS CAMBIOS FÍSICOS

Durante el periodo que va de los 6 a los 12 años, el niño crece de forma más lenta que en años anteriores o que en el típico estirón de la adolescencia. Su crecimiento es más gradual y progresivo.

Los músculos se fortalecen y aumenta la capacidad de sus pulmones, lo que va a repercutir en sus movimientos: cada vez corren más rápido y aguantan más realizando ejercicio físico.

¡Y llega el ratoncito Pérez! Entre los 6 y los 12 años, a tu hijo se le irán cayendo todos los dientes de leche, que poco a poco van a ser reemplazados por las 32 piezas definitivas que conforman la dentición del adulto. En general, no suele haber problemas con este tema, y los niños viven con expectación que se les mueva un diente, que finalmente se caiga y que el ratoncito Pérez lo recoja de debajo de su almohada a cambio de algún pequeño regalo.

Es un buen momento para continuar con el hábito de cuidar los dientes, e insistir en la necesidad de cepillarse de forma adecuada, de ser constantes, de limitar el consumo de azúcar, etc.

CAPÍTULO II

Cómo evolucionan los movimientos

Tu hijo de 6 años es actividad pura. ¡No para un momento quieto! Le gusta correr, saltar, brincar, trepar... Controla mucho mejor sus movimientos que en años anteriores, y eso le va a permitir ejecutar una gran cantidad de acciones e interesarse por nuevas actividades: montar en bici, realizar con sus compañeros juegos de acción, subirse a los columpios sin miedo y de forma habilidosa...

Sus movimientos son más precisos y, así, le cuesta menos encestar cuando juega al baloncesto o practica otros deportes similares que requieran una mayor coordinación entre lo que ve y lo que hace.

Su cuerpo es ágil, flexible, rápido, inquieto... Es difícil seguir su ritmo y parece que no se cansa nunca. En ocasiones no es demasiado consciente de sus posibilidades reales y se lanza a cualquier aventura. Cada día subirá más alto en los columpios, se bajará de los toboganes con mayor pendiente, le gustará mantener el equilibrio andando sobre superficies altas y estrechas...

Todo esto está relacionado con la mayor lentitud de crecimiento característica de esta etapa. Cuando llegue a la adolescencia, tu hijo se encontrará con un cuerpo desgarbado y torpón que no sabe cómo controlar, pues los cambios han surgido repentinamente. Por el contrario, en el periodo que nos ocupa, el niño puede ir asumiendo de forma paulatina esos cambios en su crecimiento, lo cual le permite dominar mejor sus movimientos.

Y una y otra vez escucharás: «¡Mira lo que hago!», cada vez que se desliza por el tobogán o pasa en equilibrio por encima de unos de los columpios. Tu hijo necesita saber que compartes con él sus progresos y que te alegras.

También será más hábil a la hora de combinar diferentes tipos de movimientos. Por ejemplo, ya no tendrá que parar el balón con las manos y los pies para darle una patada, y aprenderá a utilizar una raqueta o a atrapar objetos que se le lancen.

Pero al mismo tiempo que corre y salta, cada vez puede pasar más tiempo dedicado a actividades que requieren movimientos manuales más finos y específicos.

Tiene, por ejemplo, más habilidad para encajar unas fichas con otras, lo cual va a aumentar el interés hacia los juegos de construcción, los puzles, los encajables, etc.; también domina mucho mejor el lápiz, no sólo porque controla mejor sus músculos y movimientos, sino también porque su visión se ha ido estabilizando y ahora puede percibir mejor las formas y representarlas.

Como veremos más adelante, tu hijo se va convirtiendo en un magnífico dibujante. Es un gran artista al que le divierte manejar la plastilina, recortar, pegar... Y se siente bien haciéndolo porque descubre que tiene habilidad para ello y que construye cosas que son interesantes, bonitas y apreciadas por los demás (especialmente por los adultos que son importantes para él). Sus manos le sirven para muchas cosas: con ellas cuenta con destreza; manipula los objetos, los *destruye* y vuelve a construir...

También la habilidad y la precisión de sus movimientos le van a convertir en un buen compañero de juego. Sobre todo en el caso de los niños varones, se aprecia mucho tener un amigo que sea rápido corriendo o que sepa hacer volteretas. Poco a poco, los niños irán apreciando otras cualidades en sus amigos.

¿Por qué le gusta tanto ir dando patadas a todo lo que encuentra por la calle?

«¡No lo entiendo! Mi hijo tiene 6 años y aparte de no parar quieto ni un solo momento, no hay forma de hacerle ver que por la calle tiene que ir más tranquilo. Por ejemplo, le encanta dar patadas a todo lo que encuentra: una lata, una piedra, una caja... Y siempre se mete por el sitio más difícil, por mucha acera que haya. ¡Parece una cabra montesa! Yo me desespero».

Aunque tu hijo ya se mueve con mucha soltura, lo cierto es que todavía tiene que seguir *practicando* determinados movimientos para irlos perfeccionando. Por ejemplo, esas patadas le ayudan a controlar la pierna y la fuerza con que la mueve. Por otro lado, rebosa energía y siente la imperiosa necesidad de gastarla en lo que sea. Poco a poco irá adquiriendo mayor control sobre sus movimientos y su impulsividad, y con tu ayuda aprenderá a caminar por la calle de otro modo. Eso sí, habrá que buscar espacios donde pueda descargar toda esa energía libremente.

COLABORANDO EN CASA

Vamos a tener a nuestro lado a un buenísimo colaborador en las tareas domésticas. Aunque

poco a poco parece perder este interés, tu hijo de 6 años manifestará un especial empeño por ayudarte en casa, así que podemos aprovechar para enseñarle a realizar las tareas básicas, fundamentalmente las que tienen que ver con el cuidado de sus propias cosas, para favorecer así su autonomía. Es el momento de enseñarle a hacer su cama, a dejar la ropa ordenada o lista para echarla a lavar...

Por otro lado, tenemos ante nosotros a un niño que sabe ocuparse de sí mismo en los hábitos de la vida cotidiana. Se viste y desviste solo, puede atarse los zapatos, es capaz de asearse con la mínima ayuda, aunque sigue necesitando que le supervises y le ayudes.

A los 6 años, lo más probable es que tu hijo tenga definida la lateralidad, es decir, que utilice preferentemente una mano y sepa diferenciar entre la parte derecha y la izquierda de su cuerpo. Sabe que sus manos le permiten hacer muchas cosas, y a partir del conocimiento que posee de su propio cuerpo también le va a ser más fácil ir descubriendo el entorno que le rodea.

Cuando un niño tiene claro su esquema corporal, es decir, controla con respecto a sí mismo términos como: derecha/izquierda, arriba/abajo, delante/detrás... ha sentado las bases para iniciarse en el conocimiento del medio. El aprendizaje de la lectura, por ejemplo, es uno de los que requieren mejor control de los conceptos antes mencionados: la M está formada por un trazo que va de arriba abajo varias veces, las primeras sílabas que el niño aprende están formadas por una consonante y una vocal que va detrás...

Y hay otras muchas situaciones que requieren que el niño controle su propio cuerpo. El hecho de moverse con seguridad por el parque, el patio, la calle... viene determinado, en gran medida, por el conocimiento que posee de su propio cuerpo y de cómo puede moverlo.

Aunque ahora ya domina su izquierda y su derecha, todavía le llevará un tiempo identificar estas partes en las demás personas.

ZURDO O DIESTRO, ¿DE QUÉ DEPENDE?

Existen diferentes teorías que tratan de explicar por qué una persona termina siendo zurda o diestra. Los resultados no son nada claros, pero sí parece existir cierto control por parte del cerebro que, unido a la experiencia vivida por cada niño, determinaría que finalmente opte por la utilización de una parte de su cuerpo.

En ocasiones, la dominancia está cruzada, y podemos usar la mano derecha para escribir y la pierna izquierda para lanzar el balón, por ejemplo.

Una idea fundamental: carece totalmente de sentido obligar al niño a que utilice una mano que no es la que él usa de forma espontánea. En cierto modo, estaríamos forzando una especialización de su cerebro diferente a la que surge de manera natural.

MOVIMIENTOS Y CONDUCTA

En cuanto al movimiento de los ojos, tu hijo de 6 años va a lograr mejorar su coordinación. Le cuesta mucho menos desplazar la mirada y fijarla en determinadas cosas, lo que le facilita que pueda captar más detalles de lo que ve. En este sentido, la edad de 6 años se considera un momento idóneo para el aprendizaje de la lectura.

Además, durante este periodo va a ser capaz de permanecer más tiempo sentado y concentrado en la tarea. Si tiene el suficiente nivel de motivación, se va a esforzar por adquirir una nueva destreza y habilidad.

Posiblemente, tu hijo de 6 o 7 años se vuelva en ocasiones perfeccionista. Su pensamiento va a avanzar de forma asombrosa, pero el progreso de sus movimientos no ocurre siempre al mismo ritmo. Así, por ejemplo, observa que su escritura no es del todo buena, porque no se parece a la del modelo que tiene que copiar. Entonces se enfada, borra lo que ha escrito, lo vuelve a escribir... Quiere hacer las cosas bien, pero todavía es inexperto en muchos movimientos.

Y, en ocasiones, de la misma manera que parece totalmente absorto en una actividad, de repente pierde el interés por ella y se pone a hacer otras cosas.

CAPÍTULO III

La conquista del pensamiento

En torno a los 6 años se produce un importante progreso en lo que se refiere al pensamiento. Tu hijo ya ha adquirido una serie de nociones que le permiten referirse a las cosas, hablar de lo que está o no está presente, transformar las situaciones, pensar sobre ellas, etc.

Razona de una manera mucho más lógica que en años anteriores, y va a mostrar una gran curiosidad por todo lo que le rodea. Ahora está dotado de una mayor capacidad para integrar toda la información que recibe e irla acoplando a su modo de entender las cosas.

Su nuevo modo de percibir lo que le rodea no sólo va a afectar a las actividades más directamente relacionadas con el pensamiento, sino que va a repercutir en el desarrollo de las emociones y de la afectividad, y en cómo se relaciona con las personas de su ámbito. Por eso es tan importante comprender cómo entiende el niño su mundo y cómo actúa sobre él.

Veamos cuáles son los cambios más significativos.

Se supera el egocentrismo

Durante los años anteriores, tu hijo ha estado centrado en sí mismo. Su pensamiento se basaba en la creencia de que el único punto de vista posible era el suyo. Por eso le costaba entender que los demás pudieran tener otras ideas u otras emociones.

A partir de los 6 años, el niño va a ir superando ese egocentrismo y dándose cuenta de que existen otras formas de ver las cosas que pueden ser diferentes a la suya.

Esta nueva característica le va a permitir adentrarse en el mundo que le rodea e ir descubriendo todas las combinaciones que se pueden dar en él. Si antes le costaba entender que se puede ser sevillano y español al mismo tiempo, ahora estará ya capacitado para integrar ambos conceptos. O que, por ejemplo, su madre también es hija, nieta, sobrina... de otras personas, sin que por ello deje de ser su madre. Al principio lo repetirá sin más, pero poco a poco irá aprendiendo que las cosas están relacionadas.

La capacidad para adoptar puntos de vista diferentes al suyo también le ayudará a entender mejor las relaciones con los demás. Como veremos en el capítulo dedicado a las relaciones sociales, tu hijo entre 6 y 8 años va a ir comprendiendo las intenciones de las otras personas y dando un significado a sus sentimientos.

Por otra parte, darse cuenta de que el mundo no gira en torno a uno mismo le permitirá a tu hijo entender el porqué de muchas cosas. Así, por ejemplo, va a mostrar interés por los cambios climáticos, por la sucesión de las estaciones, por la procedencia de los bebés, etc.

UN PENSAMIENTO LÓGICO

Aunque aún le queda mucho para alcanzar un pensamiento realmente lógico, lo cierto es que a partir de los 6 o 7 años el niño va a realizar muchos progresos. Le interesa conocer el porqué de las cosas, y cada vez sus reflexiones son más razonadas.

Valorará la opinión del adulto porque le puede explicar las relaciones causales entre diversos acontecimientos. A tu hijo le va a encantar que le cuentes cosas, el porqué de los sucesos... Va a escuchar tu respuesta porque sabe que tú conoces muchas más cosas que él. Aprovecha esta curiosidad para ir fortaleciendo algunos intereses y también para sentar las bases de una comunicación entre vosotros.

El niño empieza a desligarse de las apariencias, y antes de dar una respuesta se esfuerza por reflexionar y comprender la lógica de las situaciones y de los objetos. Intenta buscar una explicación racional a lo que sucede a su alrededor, aunque todavía ese razonamiento no es similar al de un adulto.

Por ejemplo: imagínate que estás con tu hijo viendo cómo sale una mariposa de un capullo de seda. Con 4 años, tu hijo tendería a buscar una explicación a lo que ha sucedido basándose en lo que conoce y, posiblemente, echando mano de su fantasía. Te podría decir: «¡Claro, como la oruga quería volar, pues se ha convertido en mariposa!». Este razonamiento ya no es útil para tu hijo de 6 o 7 años. Ahora aplicará su conocimiento sobre el medio que le rodea para intentar explicar lo que ha sucedido. Puede decirte: «Es que algunos animales, en invierno, hacen un nido para no congelarse y cuando llega la primavera salen transformados en otra cosa». En este tipo de explicaciones cobran una gran importancia los conocimientos que haya ido adquiriendo, bien en casa, bien en el colegio.

LA CONQUISTA DE LA IDENTIDAD

Otro logro importante de este momento es la adquisición del concepto de identidad, que permite al niño entender que un objeto continúa siendo el mismo aun cuando se produzcan cambios en su apariencia.

La siguiente situación te permitirá entender en qué consiste este avance.

María tiene dos hijos: uno de 3 y otro de 7 años. A cada uno le da un poco de zumo, pero en vasos diferentes. El vaso de su hijo pequeño es más ancho que el del mayor. El niño observa que tiene «menos» zumo que su hermano y rompe a llorar desconsoladamente. El mayor trata de explicarle que es la misma cantidad de zumo, pero sólo deja de llorar cuando la madre le vierte el líquido en un vaso similar al del hermano.

No es que el niño de 3 años se ponga cabezota, sino que realmente no puede comprender que se trate de la misma cantidad de líquido, cuando lo que él está viendo es que en

el vaso de su hermano el zumo llega más alto. Para el niño de 6-7 años, esto no es difícil de comprender.

Empezará entendiendo que la cantidad de una cosa no varía aunque se la cambie de forma, para después entender que dos cosas pueden pesar lo mismo aun teniendo formas diferentes, y, finalmente, comprender que dos cosas pueden ocupar el mismo volumen aunque sean distintas. Todo este proceso se prolongará desde los 6-7 años hasta el inicio de la adolescencia.

Como ves, se trata de un largo periodo de tiempo en el que el niño está dispuesto a aprender desde la experiencia, desde lo que él puede ver y tocar.

En este sentido, el niño de 7 años puede explicar a su hermano mayor que tiene el mismo zumo que él, porque si lo echa en un vaso como el suyo los dos beberán la misma cantidad de líquido.

Desde la práctica podemos favorecer el desarrollo del pensamiento del niño, pero sin perder de vista que se trata de un aprendizaje gradual que debemos respetar, ya que el niño no puede asumir de golpe todo el conocimiento que necesita para explicar lo que le rodea.

Cómo entiende el espacio

En cuanto a las nociones del espacio, todavía tiene algunos razonamientos carentes de lógica. Piensa que una distancia recorrida a pie es mayor que si la hacemos en coche y, por supuesto, imaginar grandes distancias le resulta imposible. Supón que le dices que Disneyland está a 1.500 kilómetros de donde vosotros vivís. Posiblemente te pregunte: «¿Es como cuando vamos a casa de la abuela?». Poco a poco irá tomando conciencia de las distancias y atribuyéndoles su verdadero sentido.

Ahora bien, el concepto que posee del espacio es mucho más sofisticado que en edades anteriores y puedes razonar con él, haciéndole comparaciones (le puedes decir que tardaríais dos días en llegar, pues ya conoce el concepto de tiempo), mostrándole el significado que tiene cada una de las medidas o introduciendo nuevas variables (tardaríais menos en avión pues se mueve más deprisa).

Por eso es tan importante razonar con el niño. Es cierto que no va a poder entender todo lo que le expliques, pero se muestra muy interesado por comprender y llegar a una explicación lógica de las cosas. Y eso hay que aprovecharlo. Si te surgen dudas sobre una determinada pregunta, no dudes en buscar la respuesta con él. Podéis consultar juntos una enciclopedia, una página de Internet, etc.

¿Desaparece la fantasía?

A partir de los 6-7 años, el niño va tomando mayor conciencia de la realidad. En etapas anteriores, le costaba diferenciar sus sueños y fantasías de lo que en verdad estaba sucediendo. Tu hijo va comprendiendo, cada vez más, que existe una diferencia entre ambas dimensiones.

Pero, no por ello deja de fantasear. Lo que ocurre es que ahora sabe cuándo le estás contando un cuento con personajes imaginarios y cuándo le estás hablando de una situación real.

Ya no cree, por ejemplo, que los dibujos animados existan en la realidad, o que el viento o la montaña puedan experimentar emociones como los seres humanos. Entiende, por ejemplo, que hay otros seres vivos que no piensan ni sienten, y también que hay elementos sin vida. Su pensamiento es mucho más realista, se basa en lo que puede percibir y sobre lo que puede razonar.

Pero la fantasía sigue estando ahí, y le gustará que le leas historias (poco a poco será capaz de empezar a leerlas él) donde pueda dejar volar toda su imaginación.

También le va a gustar que le cuentes anécdotas sobre su vida, sobre cómo era de pequeño. Es un buen momento para recurrir al humor y disfrutar de los recuerdos que le dan identidad a él como persona y como miembro importante de la familia, así como para hacerle ver los progresos que ha ido adquiriendo y que ha conseguido con su esfuerzo.

Un buen momento para el álbum de fotos

A tu hijo le encantará ver fotos de cuando era pequeño. Sobre todo si las ves con él y le explicas lo que pasaba en cada momento, las personas que le acompañaban, las anécdotas más graciosas. Quizá podáis hacer juntos un álbum en el que ir anotando lo más significativo (y si tu hijo puede escribir en él, pues mejor).

El niño irá tomando conciencia de su propia historia y de las personas que forman parte de ella. Esto le ayudará a formar su propia identidad y favorecerá la confianza en sí mismo.

LO QUE VA A SABER HACER

Sus nuevas conquistas en el ámbito del pensamiento le permitirán llevar a cabo operaciones cada vez más complejas. Entre las cosas que tu hijo de 6-8 años va a saber hacer destaca la capacidad para:

• Ordenar objetos utilizando diferentes criterios y de una forma racional. Puede colocar sus pinturas según el tamaño o el color, o clasificar fichas de animales según los alimentos que tomen o su forma de reproducirse. Ya no encuentra problemas para ordenar objetos de mayor a menor, y sabe que si la pelota roja es más grande que la azul, y la azul más grande que la verde, entonces la roja es más grande que la verde. Ahora busca una lógica para organizar los objetos; antes utilizaba criterios sin sentido desde el punto de vista adulto (colocaba juntos los muñecos que se llevaban bien, por ejemplo).

• Entender que un grupo puede pertenecer a otro más amplio. Si le enseñamos un conjunto de doce flores, formado por siete margaritas y cinco rosas, y le preguntamos si hay más flores que margaritas, responde correctamente que hay más flores. Esta respuesta de inclusión tan sencilla va a permitir al niño entender las relaciones que existen entre los diferentes grupos y a realizar operaciones con ellos.

• Encontrar la solución a un problema (entendiendo éste como cualquier situación que se le presenta al niño y ante la cual actúa) sin necesidad de probar todas las opciones que se le ocurran, sino imaginando en su mente cuál puede ser la solución más acertada. Fíjate con qué facilidad realiza un puzle. Ya no necesita ir probando pieza con pieza hasta ver cuáles encajan; ahora puede representar mentalmente qué fichas pueden ir juntas y las va encajando sin apenas fallos.

• Utilizar el lenguaje de una manera más crítica y lógica.

Su nueva forma de pensar, de entenderse a sí mismo y el mundo que le rodea se va a poner de manifiesto a través de lo que dice y hace (también su comportamiento va a influir en cómo se desarrolla su pensamiento). El lenguaje, el juego y el dibujo nos permiten comprender mejor lo que le sucede al niño entre los 6 y los 8 años. A continuación encontrarás las características más relevantes de cada una de estas manifestaciones.

CAPÍTULO IV

Un lenguaje de adulto

Tu hijo de 6-7 años utiliza un lenguaje muy similar al de un adulto. Puede entender la mayoría de las conversaciones y comunicarse utilizando los términos adecuados y de una manera eficaz.

Es cierto que durante esta etapa los cambios no son tan sorprendentes. El desarrollo más espectacular del lenguaje se produce entre los 3 y los 6 años, pero a partir de este momento el vocabulario va a seguir aumentando y especializándose, las estructuras gramaticales se irán haciendo cada vez más complejas y el uso que hace del lenguaje se ajustará mucho más a las demandas de la situación.

Pero fíjate: si al comienzo de los 6 años tu hijo conoce unas 10.000 palabras, a los 10 años conoce unas 40.000.

El mayor conocimiento del lenguaje le va a permitir no sólo comunicarse mejor y entender el mundo que le rodea, sino que le ayudará a comprenderse a sí mismo y a desarrollar todas sus posibilidades en el ámbito del pensamiento y la conducta.

EL VOCABULARIO

El niño de entre 6 y 8 años no sólo aumenta su vocabulario, sino que adquiere un mayor dominio sobre el mismo. Empieza a conocer que hay palabras que pueden tener varios significados y otras que si bien representan algo parecido (grande, enorme, gigantesco...) poseen diferentes matices.

También es capaz de definir el significado de las palabras, a veces describiendo cómo son y otras para qué sirven.

Su mayor dominio del vocabulario le va a permitir comprender mejor los conceptos abstractos (belleza, salud...) y también entender conceptos generales, que agrupan otros (por ejemplo, «mamífero» sirve para designar a las vacas, las ballenas, los leones...).

Tu hijo de 6-7 años te preguntará por el significado de todas las palabras que no entienda. Tiene ganas de aprender y muestra una capacidad asombrosa para enriquecer su vocabulario. A esta edad se adquirirán unas veinte palabras diarias. Es un buen momento para los juegos de palabras, las poesías, las retahílas, los refranes, los chistes...

Encontrará dificultades para pronunciar algunas palabras y repetirá aquellas que tengan sonoridad para él. Las limitaciones de vocabulario pueden llevarle a algunas confusiones como la de la niña que decía a su madre: «Mamá, mamá, en la tele han dicho una palabrota. Han dicho diputado».

LA GRAMÁTICA

La gramática nos permite construir oraciones estructuradas. Tu hijo va a ir componiendo y comprendiendo frases cada vez más complejas. Un niño de 3 años puede tener dificultades para entender la construcción «El hombre fue atropellado por el camión», llegando a pensar que se trataba de un hombre muy fuerte que se llevó por delante un camión. Poco a poco, los niños van comprendiendo frases como ésta, en la que la estructura *normal* (primero el sujeto y luego el predicado) está alterada.

Durante todo el periodo escolar, tu hijo aprenderá las normas gramaticales que rigen el idioma y, además, las pondrá en práctica, ampliando así sus posibilidades comunicativas.

Le será más fácil comprender, por ejemplo, ciertas estructuras en las que se comparan unas cosas con otras («Aquel niño es menor que ese otro») o formas verbales más complejas, como el subjuntivo («Si fuera rico...»).

Por otro lado, ya va siendo consciente de todas esas excepciones que tiene el idioma. Hace un par de años decía «ponido» en lugar de «puesto», o «saliba» en lugar de «salía», ya que aplicaba una regla general para derivar todas las formas verbales. Le costaba entender que hubiera unas normas especiales para determinados verbos. Sin embargo ahora le va a ser más fácil darse cuenta de estas excepciones y se mostrará menos rígido para permitir las correcciones. Cada vez van a ser menos los errores gramaticales que comete.

Su mente es mucho más flexible y se encuentra más capacitada para integrar la información que le viene de diferentes fuentes.

EL USO QUE HACE DEL LENGUAJE

Cuando el niño descubre el lenguaje, lo utiliza fundamentalmente para comunicarse con los que le rodean. Se da cuenta de que, a través de las palabras, puede influir sobre las conductas de los demás, expresar sus deseos y actuar sobre el medio.

El lenguaje también le sirve para regular su propia conducta. El niño va estructurando su pensamiento a partir de un lenguaje que le va dando pistas de lo que tiene que hacer, lo que es deseable y lo que se espera de él. En otras palabras: el lenguaje ayuda a poner orden en el comportamiento de la persona.

A estas dos funciones —la comunicativa y reguladora— se añade otra a partir de los 6-7 años. Tu hijo se va a servir del lenguaje para reflexionar sobre sí mismo y su comportamiento. Poco a poco se va dando cuenta de que el lenguaje puede ser algo interno que le ayude a planificarse, a «hablar consigo mismo», para descubrir qué desea y cómo conseguirlo, para valorar lo que le rodea y tomar decisiones.

Tu hijo está en disposición de abstraer las reglas básicas que rigen la comunicación. En años anteriores ya había aprendido que en una conversación existen turnos: primero habla uno y después el otro. Ahora, además, conocerá las diferentes maneras de dirigirse a las personas en función del papel que desempeñan. No te hablará de la misma forma a ti que a una persona que acaba de conocer, ni a un niño de su edad igual que a otro más pequeño. Este último caso es realmente sorprendente. Tu hijo es capaz de simplificar su lenguaje, de hablar con otro tono de voz, de emplear palabras más sencillas y frases más cortas... para que un niño de menor edad le entienda. Sabe que tiene que adaptarse a su interlocutor.

En este proceso, tu papel es esencial. Tú le das pistas sobre cómo debe comportarse en las diferentes situaciones, fundamentalmente a partir de la manera en que tú lo haces. Fíjate en que tú tampoco hablas igual a todas las personas, y eso tu hijo lo observa y aplica.

Además, le das instrucciones concretas y le dices que cuando se encuentre a una determinada persona le debe hablar más despacio o de una manera especialmente educada.

Lo que observa y lo que le explicamos ayudará al niño a ir entendiendo los diferentes usos del lenguaje y cómo y cuándo debe aplicarlos. Por eso son tan importantes los modelos que le ofrezcamos. De nada sirve que le grites a tu hijo que cuando quiera algo no se debe poner a chillar, o que le exijas que no diga palabrotas cuando ve en la televisión determinados programas en los que se utilizan continuamente. Es cierto que no podemos controlarlo todo, pero sí podemos estar atentos para proporcionar a los niños modelos adecuados que le ayuden a ir utilizando un lenguaje que le permita realmente comunicarse consigo mismo y con los demás.

CÓMO CONTRIBUIR A ESTE DESARROLLO

Aunque sabemos que el desarrollo del lenguaje, como otras dimensiones de la persona, tiene su propio ritmo, lo cierto es que padres y educadores podemos contribuir a que este desarrollo sea más enriquecedor facilitando así que se potencien al máximo sus posibilidades.

¡Cuéntame otro chiste!

Una de las manifestaciones de cómo evoluciona el lenguaje la encontramos en la forma en que los niños, a partir de los 6-7 años, cuentan los chistes. Los más pequeños tienen dificultades para recordar la estructura del chiste y explican aquello que más les ha llamado la atención; en ocasiones, se limitan a nombrar una acción o una palabra (dicen «Se cayó al suelo» o «culo»), y para ellos eso es el chiste pues consideran que es suficiente para hacer gracia.

En la forma en que refieren los chistes y las historias podemos observar el importante progreso que en los ámbitos del pensamiento y el lenguaje se está efectuando en los niños de esta edad.

Y desde luego hay que aprovechar esta nueva habilidad para fomentar el sentido del humor y una actitud positiva ante la vida.

Para conseguirlo, es conveniente:

• Escuchar y hablar con el niño. En muchas ocasiones nos dirigimos a nuestros hijos para darles órdenes y recordarles lo que tienen que hacer: «Lávate los dientes», «¿Has preparado ya la mochila?», «Por favor, coge el teléfono». Está claro que estas instrucciones son necesarias, pero también que no podemos limitar nuestra relación comunicativa a ellas.

• El ritmo de la vida cotidiana a veces dificulta que nos sentemos a hablar como nos gustaría, pero no es necesario crear situaciones demasiado artificiales para establecer un diálogo con nuestros hijos. El momento del baño o de ir a la cama, un paseo por el parque o de camino al colegio pueden ser momentos ideales para, simplemente, escuchar. No se trata de que preparemos grandes discursos como padres; tu hijo puede darte muchas pistas de lo que le sucede, piensa y siente, y tan sólo hay que estar atentos para recoger lo que quiere decirnos.

- Muchos padres se quejan de que sus hijos adolescentes no se comunican con ellos; quizá han esperado demasiado tiempo para establecer las bases de un verdadero diálogo. Y eso es algo que hay que ir construyendo. Es importante que nos mostremos receptivos a lo que nuestro hijo quiere comentarnos. No siempre podemos dejar lo que estamos haciendo para atenderle, pero desde luego no deberíamos dejar pasar más de un día sin escuchar al niño o contarle nuestras cosas (lo que él pueda entender y pueda ayudarle a madurar de forma adecuada).

- Explicarle las cosas. Aunque la etapa de los porqués se ha suavizado bastante, lo cierto es que tu hijo de 6-8 años sigue demostrando mucho interés hacia todo lo que le rodea. Te seguirá explicando cosas, te contará cómo interpreta él lo que le sucede y te pedirá que le razones tus argumentos. No es lo mismo que le castigues sin más por algo que ha hecho, que hacerlo explicándole los motivos.

El peligro del ruido

Nos invade el ruido. Fíjate en todos los elementos que impiden la comunicación entre las personas y que nos rodean continuamente vayamos por donde vayamos. Cuando entramos en casa, la tele o la cadena de música se encienden, y, claro, hay que prestarles atención. Si vamos a los centros comerciales, la música nos acompaña constantemente y si queremos sentarnos a comer el ruido es tan intenso que estás deseando terminar para irte a otro sitio. A veces hay que chillar tanto para hacernos entender, que preferimos permanecer callados.

El ruido y todo aquello que exige que centremos nuestra atención («Espera hijo, que están diciendo en la tele algo que me interesa» se puede decir de vez en cuando, pero reflexiona sobre cuántas veces pides a tu hijo que espere) pone distancia a la comunicación entre las personas.

Debemos ser conscientes de ello para no dejarnos llevar sin más. Hay momentos para ver la tele, escuchar la radio, salir a comer a un lugar de mucho jaleo..., pero también otros en los que podamos facilitar que surja el diálogo de una manera más espontánea.

• También le puedes comentar algunas decisiones que tomas, aunque lógicamente no se lo cuentes todo porque hay asuntos que pertenecen al mundo de los adultos.

- Para que una relación se fundamente en el verdadero diálogo, se han de tener en cuenta las necesidades y sentimientos del niño. Ante el «¿Qué hacemos hoy?» se pueden recoger las preferencias de los niños y ver las posibilidades de llevar a cabo lo que le apetece. No se trata de dejar que él decida los planes para el resto de la familia, pero sí que perciba que se valora su opinión, que a veces se puede llevar a la práctica y otras no, y que hay que aprender también a considerar los deseos de los demás como una de las normas básicas de la convivencia.

- Pero no dejes a tu hijo al margen de la familia, ni de los cambios importantes que se produzcan en ella. Él se sentirá más seguro si le cuentas que os vais a mudar de casa porque has encontrado un trabajo en otro sitio, o que has decidido que le vendrían bien unas clases de inglés para aprender el idioma.

Ante las preguntas...

- Antes te preguntaba «¿Por qué una mariposa se llama mariposa?» o «¿Por qué llueve?»; ahora te va a preguntar sobre cómo se hacen las cosas.
- Intenta, en la medida de lo posible, darle una respuesta razonada a lo que él te pregunta.
- En ocasiones, puedes apoyarte en sus propias explicaciones. Pregúntale a él sobre lo que opina y busca una respuesta que se adapte a su capacidad de comprensión.
- Recuerda que la fantasía sigue estando presente y que te puedes servir de ella para explicarle algunas cosas.

- Se cambia el contenido de las preguntas: antes te interrogaba sobre nombres, tiempo y espacio, ahora muestra interés por cómo funciona el mundo. No siempre es posible que sus preguntas queden satisfechas mediante respuestas realistas; en ocasiones habrá que recurrir a la fantasía de los cuentos como recurso didáctico ajustado a su capacidad de comprensión. No olvidemos que el niño está atravesando un periodo intermedio entre un pensamiento imaginativo que empieza a desvanecerse y los umbrales del pensamiento lógico. El mundo real le atrae e intriga, pero son sobre todo las cosas representadas en su imaginación, suscitadas por aquella realidad, las que despiertan curiosidad.

• Favorecer el acceso a la lectura. Como veremos más adelante, la curiosidad y la capacidad de aprendizaje del niño va a hacer que surja, en la mayoría de los casos, un interés espontáneo hacia la lectura. Tu hijo empieza a comprender que las letras significan algo y que pueden darle información que considera relevante. Si le invitan a un cumpleaños, en la tarjeta figura dónde lo van a celebrar, y si le regalan un juguete, en las instrucciones le explican cómo montarlo.

• Contamos con lo más difícil: la motivación. Por lo tanto, deberemos aprovechar estos momentos para, sin agobiar, transmitir al niño la importancia de la lectura y animarle a que se acerque a los libros. Las películas que ve en la tele, antes han sido cuentos que alguien escribió, y tu hijo puede disfrutar no sólo con lo que ve, sino dejando que su imaginación vuele libremente con lo que está leyendo.

- Y le gustará leer, entre otras cosas, si te ve a ti disfrutar con la lectura. La vida que llevamos rara vez nos deja tiempo para sentarnos tranquilamente a leer un libro que nos gusta, pero reflexiona durante unos segundos sobre cuánto tiempo dedicas diariamente a ver la televisión. No es nuestra intención hacer una campaña sobre cómo utilizar la tele, pero sí que nos demos cuenta de que dedicamos más tiempo a unos recursos que a otros, y eso nos limita a la hora de desarrollar todo nuestro potencial como personas.

- Si quieres que a tu hijo le guste leer, debes crear momentos y situaciones para poder hacerlo. Léele un cuento o pídele que te lo cuente él.

- Quizá no tenga sentido que impongas un momento para leer, pero sí que tu hijo disponga de recursos (libros y cuentos adaptados a su edad) para hacerlo y que vea cómo tú también sacas un tiempo para realizar esta actividad.

- El momento de antes de ir a dormir suele ser muy bueno para empezar a crear ese hábito.

Recuerda que tu hijo de 6 años está aprendiendo a leer; es recomendable que leas con él. Existen libros con poco texto y muchas ilustraciones que ayudarán a tu hijo a despertar el interés por la lectura en estos primeros años. Es normal que pase las hojas sin leerlo todo, porque aún le cuesta, pero ya habrá dado los primeros pasos que le permiten manejar un libro y descubrir todas sus posibilidades.

• Jugar con las palabras. Los juegos clásicos como el «Veo, veo» o los trabalenguas son algunos ejemplos que nos permiten divertirnos con el lenguaje, además de contribuir a que los niños aprendan el significado de las letras, la formación de palabras o a mejorar la pronunciación.

• Mostrar interés por los progresos que realiza. Si tu hijo viene de clase y te enseña una redacción que ha escrito, deja que te la lea. Y disfruta con su modo de contar las cosas. Quizá no sea una historia con una estructura perfecta, pero recuerda que está aprendiendo. No le remarques los fallos, aunque sí es importante que se los hagas ver. Valora también el trabajo del profesor y anima a tu hijo a que le haga caso cuando le corrige la ortografía o la construcción de las frases.

- Estar atento a las dificultades que puedan surgir. Con la ayuda del profesor, podéis detectar problemas en el desarrollo del lenguaje relacionados con la pronunciación, la lectura y la escritura. En función de estas dificultades se puede contar con la ayuda de un logopeda[1] o de cualquier otro especialista en busca de soluciones. Desde luego, lo que no tiene sentido en ningún momento es caer en el alarmismo y el agobio. Muchos niños superan las dificultades en este terreno y pueden seguir el ritmo de escolaridad normal. Lo importante es detectar el problema, admitirlo y buscar la ayuda que sea necesaria.

- Expresar emociones. Tu hijo va a ir aprendiendo a controlar sus emociones de una forma progresiva. Posiblemente ya haya superado esas rabietas tan frecuentes en años anteriores, donde se ponía a llorar por cualquier cosa y no dejaba de hacerlo si no se salía con la suya. Los logros conseguidos en el ámbito del pensamiento le ayudan a controlar mejor esos impulsos.

---

[1] Profesional especializado en los trastornos del lenguaje y del habla, así como en problemas relacionados con el aprendizaje de la lectura y de la escritura. Además de diagnosticar la patología y de determinar sus posibles causas, diseña un programa dirigido a resolver los problemas concretos del niño.

La dislexia: un problema que se puede superar

Se dice que un niño tiene dislexia cuando encuentra dificultades en el aprendizaje de la lectura, a pesar de contar con un desarrollo intelectual suficiente para ello.

Las causas que normalmente se relacionan con este trastorno son muchas y diversas, y afectan a todos los campos del desarrollo del niño. Así, las dificultades asociadas al lenguaje repercuten en el *desarrollo psicomotriz* (por ejemplo, la mala orientación espacio-temporal lleva a confundir arriba y abajo, y por lo tanto las letras que se diferencian en este aspecto, como la *u* y la *n)* y en el *desarrollo afectivo* (problemas derivados tanto de la sobreprotección familiar como de lo contrario, exigencias desproporcionadas que producen bloqueo y ansiedad).

¿Cómo detectarla? Los síntomas disléxicos son extraordinariamente variados. Entre ellos podemos destacar:

• Confundir letras parecidas *(b* con *d, p* con *q,* etc.).
• Invertir letras en las sílabas *(bar* por *bra, ter* por *tre...).*
• Modificación de la palabra *(escarola* por *escalera).*
• Suelen ir acompañados por síntomas disortográficos, es decir, dificultades en la escritura.
• El ritmo de lectura suele ser lento y desordenado.
• Los niños que tienen dislexia pueden superarla con la ayuda de la familia y de los especialistas: el logopeda, sus profesores...

• El lenguaje también cumple una función autorreguladora importante. Enseña a tu hijo que, en vez de llorar y gritar, puede pedir las cosas con palabras, a que exprese sus sentimientos antes de que le desborden y a que tenga en cuenta los sentimientos de los demás.

Capítulo V

El juego

El juego es una forma de entretenimiento que nos acompaña a lo largo de toda nuestra vida. Pero es en los niños donde esta actividad cobra su máxima importancia y su mayor apogeo. Los niños juegan continuamente y ello les permite aprender muchas cosas, además de disfrutar.

Reflexiona durante unos instantes sobre lo que ha significado —y significa— el juego en tu vida. Trata de recordar cuáles fueron los juegos de tu infancia, a qué te gustaba jugar, qué te proporcionaba el juego... Intenta descubrir qué actividad lúdica realizas en la vida adulta y qué te aporta en este momento.

Posiblemente recuerdes con agrado el juego porque te permitía, sobre todo, disfrutar. En la actualidad hay actividades que cumplen para ti esa función lúdica: haces deporte, juegas a las cartas, participas en una obra de teatro...

Son actividades que te permiten desconectar de lo cotidiano y a través de las que puedes expresarte con mucha más libertad que en otros ámbitos.

Para el niño, el juego es la mejor oportunidad para ensayar todo aquello que va a necesitar en su desarrollo. Así, juega a papás y a mamás y repite aquello que te ha visto hacer. Juega incluso a «discutir» con su compañero de juego, sin que eso suponga ningún tipo de problema, porque se encuentra en una situación protegida en la que no le va a pasar nada.

Además, a través del juego el niño pone de manifiesto todo aquello que desea, teme o siente.

¿Qué es el juego?

Fundamentalmente, el juego es cualquier tipo de actividad que aprendemos por puro placer, sin ninguna preocupación por el resultado final, incluso aunque el juego pueda llevarnos a realizar una obra de arte o un descubrimiento científico.

¿A QUÉ JUEGA TU HIJO?

A lo largo de la evolución del niño, aparecen diferentes tipos de juegos que contribuyen al desarrollo de su pensamiento y de su personalidad.

El juego simbólico es uno de estos juegos. Aparece en torno a los 2-3 años y se va a mantener a lo largo de toda la vida (las personas adultas juegan a representar acciones para que otros las acierten, por ejemplo), aunque las características esenciales van a empezar a decrecer a partir de los 7 años.

Pero tu hijo de 6 años va a seguir utilizando el juego simbólico. ¿En qué consiste? El niño juega a representar la realidad, y utiliza para ello objetos que se ajustan a lo que necesita. Así, el palo de una escoba se convierte en un caballo veloz, y él puede ser el vaquero que atraviesa el desierto guiando su ganado.

Su forma de jugar también experimenta un cambio. Ya no corre de un lado a otro sin sentido, sino que lo hace, por ejemplo, para perseguir a otro niño. Empieza a interesarse por compartir los juegos con los demás.

En torno a los 7 años surge un nuevo tipo de juego: el **juego de reglas.** Tu hijo va a jugar con otros niños y van a utilizar una serie de reglas para hacerlo. Se empiezan a formar las primeras pandillas o grupos de amigos, más o menos estructurados, y son muy frecuentes los juegos por equipos.

Los niños organizan sus juegos en función de unas normas que van asumiendo o cambiando según su capacidad para hacerlo. Así, antes de los 6 años, tu hijo jugará contigo o con otros niños al parchís o al escondite, e intentará imitar a los adultos en el modo de hacerlo. Tampoco tiene muy claro el concepto de ganar y piensa que todos ganan en el juego. Poco a poco irá aprendiendo que existen unas normas y se enfadará con sus compañeros de juego si no las cumplen o por no haberlas cumplido él mismo. A partir de los 7 años, el niño sabe lo que significa ganar y puede enfadarse si no lo logra.

La imaginación y la creatividad siguen estando presentes en la actividad del juego.

Juegos y juguetes de 6 a 8 años

Para elegir un juguete hay que fijarse en muchas variables; por ejemplo, en los intereses del niño y sus características de personalidad. Pero además cabe tener en cuenta que entre 6 y 8 es importante desarrollar el juego que implique movimiento y habilidad, que permita ir aprendiendo a jugar con normas y reglas y, además, que favorezca las relaciones con otras personas:

- Juegos que faciliten el movimiento (bicicleta, patines, patinetes...) y que favorezcan la flexibilidad (cuerdas para saltar, por ejemplo).
- Juegos de aprendizaje con respuestas sencillas, juegos de memoria, puzles, juegos que permitan desarrollar la imaginación y la atención.
- Muñecos articulados y accesorios.
- Juegos de paciencia y que le permitan desarrollar su habilidad manual.
- Juegos de mesa o sociedad —con normas— y de estrategia elemental, como por ejemplo el parchís, las cuatro en raya...
- Construcción con piezas pequeñas.
- Ordenadores.
- Coches de fricción y electrónicos.

CÓMO CONTRIBUIR A ESTE DESARROLLO

- Convéncete de que lo más importante no es el juguete. Hemos pasado de no tener apenas juegos a llenar los cuartos de los niños con todas las novedades. Tu hijo necesita jugar, pero para ello no requiere demasiadas cosas. Fíjate en lo que más le gusta y ofrécele diferentes alternativas sin que tenga que utilizar un juguete diferente cada minuto.

• Favorece el contacto con otros niños. Es un buen momento para que tu hijo empiece a jugar en grupo. Esto le permitirá no sólo disfrutar de un rato agradable, sino también adquirir habilidades para relacionarse socialmente. Los demás nos ayudan a descubrir puntos de vista diferentes al nuestro, otros sentimientos, y a controlar los propios, a saber hasta dónde podemos llegar con nuestros comentarios o actuaciones, etc.

• Facilita que pueda jugar al aire libre, donde corra, salte, brinque... sin peligro para él o para los objetos. Es normal que en tu casa haya normas que establezcan dónde se puede jugar y a qué, pero para compensarlo es importante que el niño pueda disfrutar también en espacios donde no existan tantos límites y restricciones.

• Elige los juguetes que creas más adecuados para su edad. Intenta liberarte de la presión publicitaria y no caigas en el error de comprar algo por el tamaño de la caja donde viene embalado. Hay otros criterios que deben prevalecer a la hora de comprar un juguete.

• Permite que tu hijo juegue solo. Él ya puede estar concentrado en diferentes juegos y
es importante que también aprenda a disfrutar de su tiempo. No te agobies intentando
que no esté solo ni un minuto. Y enséñale a
no depender de los demás para jugar o hacer cualquier otra cosa. En ocasiones nos
quejamos porque los niños necesitan compañía permanentemente. Pero intenta descubrir por qué ocurre así:

—Quizá has estado siempre muy encima de
él, corrigiendo todo lo que hace, supervi-
sándole para que todo lo haga bien, y él se
siente inseguro, sin confianza para emprender algo por sí mismo. En ese caso,
intenta transmitirle confianza, demostrarle
que progresa.

—Quizá quiere llamar tu atención porque
nunca está contigo. Tu hijo puede de-
mandarte directamente que le hagas caso
(te dice que juegues con él) o de una forma más encubierta (rompe las cosas, gri-
ta o llora). En este caso, pasa tiempo con
él, un tiempo en el que ambos podáis disfrutar de lo que estáis haciendo. Tu hijo
puede parecerte ya bastante mayor, pero
recuerda que sigue siendo un niño para
muchas cosas.

CAPÍTULO VI

El dibujo

El dibujo es una expresión gráfica que nos permite conocer cómo funciona el pensamiento del niño. A través del mismo, tu hijo puede expresar cómo se siente, qué desea, qué conoce, a qué tiene miedo...

Desde luego, no podemos hacer una interpretación de la personalidad del niño a partir de un dibujo. Se trata de una manifestación más de lo que es el niño, pero para entenderle en profundidad carece de sentido utilizar un dibujo; habrá que observar su comportamiento, recoger lo que dice, cómo actúa...

El dibujo nos ayuda a descubrir ciertas características de nuestro hijo, y para él cumple una importante función ya que es un modo de expresarse, de comunicar a los otros su modo de percibir el mundo. Es como si cada dibujo tuviera el valor de una frase; dibujar se convierte en un tipo de lenguaje que utiliza el niño para darse a conocer y para poner en orden todo lo que está aprendiendo.

Avanzando hacia el realismo

La tendencia de los niños es dibujar la realidad. Ya has podido observarlo en años anteriores: tu hijo empezó a dibujar a las personas, añadiendo cada vez más elementos. Al principio era simplemente una cabeza con ojos de la que salían directamente dos líneas a modo de brazos y otras dos a modo de piernas.

La figura humana es cada vez más completa, y a partir de los 6 años observamos que la gente que dibuja está ya *adornada* con muchos detalles. La persona está ya terminada: con cabeza, tronco y extremidades; las manos y los pies tienen cinco dedos... Es frecuente que el niño quiera dibujar todos los elementos y, para remarcar que son diferentes, puede dibujar la cabeza como un círculo bien definido y pintarle, uno por uno, todos los pelos.

Además, ya va incorporando elementos decorativos que acompañan a esas figuras. El niño dibuja árboles y el sol como paisajes, o una mesa y el tejado de una casa para representar una escena familiar. Para organizar todos los elementos que dibuja, los puede situar sobre una línea de tierra, es decir, debajo de todos los personajes traza una línea horizontal. Cuando le falta espacio para colocar todo lo que quiere sobre esa línea que ha dibujado (también puede utilizar el filo de la hoja para hacerlo), entonces dibuja una nueva línea para seguir colocando a sus personajes.

Y surge el movimiento. Tu hijo quiere representar lo más fielmente posible lo que está viendo. Así, si quiere dibujar a un futbolista que chuta un balón, puede, por ejemplo, hacerle la pierna más larga, o si se propone expresar que una fila de niños se desplaza, los pintará de perfil.

Su mayor control de movimientos le permite dibujar figuras cada vez más complejas, y no suele tener problemas en copiar las diferentes formas geométricas.

Aunque quiere dibujar la realidad, a veces le cuesta integrar lo que ve con lo que conoce. Así, al dibujar una persona de perfil seguramente la muestre con sus dos ojos, cuando en esa posición sólo veríamos uno. Poco a poco, sus dibujos se irán perfeccionando, le costará menos dibujar las cosas en perspectiva y ajustarse un poco más a la realidad.

A pesar de esta tendencia, también es frecuente que los niños hagan dibujos abstractos, que combinen formas geométricas, e incluso que incluyan en sus ilustraciones letras o números que han ido aprendiendo.

Tu hijo va a disfrutar copiando dibujos y calcándolos, creando los suyos propios y coloreándolos. Valora esta forma de expresión, pues le permitirá comunicar muchas ideas además de desarrollar su faceta artística y creativa.

¿Casas transparentes?

En su afán de plasmar la realidad tal y como él la ve, de ajustarse al máximo a ella, es frecuente que dibuje lo que se conoce como *transparencias*. Así, no será extraño que dibuje el contorno de una casa o de un coche y al mismo tiempo todo su interior: los muebles, el conductor pisando el acelerador, etc. O si dibuja una persona vestida, que también le pinte el vello de las piernas o el corazón, como si se pudiera ver por debajo de la ropa o de la piel.

DIBUJO Y ESCRITURA

Mientras tu hijo no domine la escritura, el dibujo es la herramienta de la que se servirá para plasmar su pensamiento, emociones y sentimientos.

Pero el niño, aunque todavía no sepa escribir, lo cierto es que va conociendo poco a poco las letras y los números. Por ejemplo, puedes sorprender a tu hijo intentando copiar un dibujo donde aparece un mensaje escrito.

Incluso, cuando está aprendiendo a escribir, es frecuente que en sus dibujos aparezcan esas primeras letras, todavía imperfectas, pero que ponen de manifiesto el aprendizaje que está realizando.

Todos los cambios que experimenta tu hijo en los ámbitos del movimiento y del pensamiento le van a permitir adaptarse al ambiente escolar y sacar partido al aprendizaje.

En general, a los niños de esta edad les gusta ir al colegio. Allí realizan muchas actividades divertidas y se encuentran con compañeros con los que puede jugar y disfrutar.

Los profesores siguen siendo un punto de referencia importante en esta edad. Tu hijo admira a su profesor y se esfuerza por agradarle. Para él es alguien importante, y es fundamental que los padres reforcemos esta relación, haciendo ver al niño que debe escucharle y obedecerle, porque le puede enseñar muchas cosas.

Sin ese apoyo mutuo entre padres y profesores, la tarea educativa pierde muchas de sus posibilidades.

CAPÍTULO VII
¡Al cole!

Cuando el niño alcanza la edad de la escuela primaria, los 6 años, se encuentra en posesión de casi todos los ingredientes que va a necesitar para el despegue intelectual. Ya hemos visto los principales cambios que se producen en su pensamiento y esto, lógicamente, repercutirá en su modo de aprender.

Las transformaciones que experimenta tu hijo no sólo se van a poner de manifiesto en la escuela, sino en todas las áreas de su vida.

Pero es en la escuela donde se inicia en una serie de conocimientos que le permitirán desarrollar al máximo todas las potencialidades que posee.

Además, a partir de los 6 años empiezan a acusarse grandes diferencias individuales en el modo de aprender. Algunos niños parecen ir más rápido, a otros les cuesta más la lectura, y a otros se les resiste el área de las matemáticas. Se trata de ritmos diferentes que no tienen por qué conllevar, necesariamente, ningún tipo de trastorno.

Los profesores pueden detectar estas características para ayudar al niño a ir superando las dificultades que le vayan surgiendo. Por eso es importante que, como padres, confiemos en este profesional. Es la persona que complementa lo que nosotros conocemos de nuestro hijo y está especializada en el desarrollo del niño. Sabe lo que necesita para crecer de forma adecuada y cómo intervenir ante cualquier dificultad.

Colaborar con el personal docente en la educación de nuestro hijo es la mejor manera de asegurarnos de que estamos proporcionando al niño todo lo que necesita.

APRENDER A APRENDER

Para tu hijo, la escuela va a marcar el inicio de una nueva etapa. No podemos olvidar que el colegio reúne una serie de características que lo hacen diferente del contexto familiar al que ha estado acostumbrado tu hijo durante sus primeros años de vida. La escuela le exige: una

mayor disciplina, un horario y un esfuerzo aña-
dido para aprender cosas nuevas. Lógicamente, todo esto conlleva un tiempo de adaptación.

El niño debe aprender no sólo el contenido
de las materias que le enseñan, sino también
que existe un modo de funcionar en ella, de relacionarse con los demás compañeros, de entender lo qué explica el profesor...

Por otro lado, a los 6 años es un niño inquieto al que le gusta moverse y correr de un
lado para otro, y es normal que entonces le
cueste permanecer sentado o centrar su atención en algo durante mucho tiempo.

Poco a poco aprenderá a controlar sus impulsos y disfrutará con las actividades que le
hagan reflexionar, pen-
sar, tomar decisiones...
Y todo ello con cal-
ma. La mayoría de las
dificultades que presen-
tan los niños en estos
primeros años de esco-
larización se supera con
el apoyo del profesor y de los padres, y, desde luego, no es conveniente alarmarse ni agobiar al niño.

Lo que él puede aprender está muy relacionado con lo que puede hacer. Ya hemos visto

algunos rasgos de su pensamiento y de sus movimientos, y en función de éstos podrá aprender unas cosas u otras.

Exigirle por encima de ese nivel carece totalmente de sentido. Como tampoco lo tiene pedirle menos de lo que puede hacer, pues podemos provocar en el niño aburrimiento y desinterés por las diferentes actividades que le proponemos. Lo mejor es que optemos por enseñarle cosas (o que le proporcionemos juegos) que estén dentro de sus posibilidades, pero que requieran el esfuerzo suficiente como para favorecer la motivación por el aprendizaje.

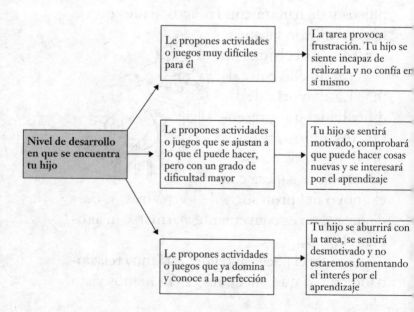

LO QUE IMPLICA LA ESCUELA

Tu hijo no sólo va adquirir una serie de conocimientos sobre lenguaje, matemáticas o el medio cuando vaya a la escuela.

Las posibilidades que le ofrece el colegio
son muchas más y sobre todo están relacionadas con el aprendizaje de conductas que le permiten relacionarse con los demás y construir
su propia personalidad.

Durante este primer periodo de adaptación a la escuela, tu hijo va a aprender:

• El significado del esfuerzo. La atención y
  el reconocimiento por parte del profesor, las
  notas, etc. son algunos referentes que permiten a tu hijo darse cuenta de que su esfuerzo le lleva a alcanzar metas que son deseables.

• Del comportamiento de los demás. Estar con
  otros niños le va a permitir distinguir entre conductas que son adecuadas y aquellas
  otras que no lo son. Tu hijo va a aprender de
  los modelos que tenga a su alrededor y de las
  consecuencias que tengan los otros niños con
  su comportamiento. Si ve que su compañero se concentra en una tarea y que la profesora le felicita por ello, lo más probable es
  que imite su conducta; si por el contrario ob-

serva que no hacer caso conlleva un castigo, evitará actuar de esta manera. Los compañeros proporcionan un modelo social a tu hijo.

- A controlar sus impulsos. Ya no puede hacer cualquier cosa que le apetezca, sino que tiene que ceñirse a una serie de normas que facilitan la organización de la clase o del centro.
- A aplazar las recompensas. Cuando tu hijo te enseña un dibujo, rápidamente tú le felicitas por lo bien que le ha quedado. En el colegio tiene que compartir la atención del adulto (el profesor) con otros niños. Tu hijo va a aprender a esperar. Pero no se trata de una espera resignada. Sabe que el profesor se ocupará de él en un determinado momento, aunque no sea ahora mismo, y eso posibilita que vaya cogiendo confianza.
- El hecho de que aprenda a esperar, a no demandar permanente atención sobre sus progresos, también le va a ayudar a no depender de lo que los demás opinen acerca de lo que hace. Poco a poco, él mismo podrá reconocer el trabajo bien hecho; habrá interiorizado el verdadero significado del aprendizaje.

EL APRENDIZAJE A ESTAS EDADES

La escuela va a plantear nuevas exigencias a tu hijo, lo cual provoca que aparezcan nuevas habilidades y capacidades para aprender. Pero al mismo tiempo, tu hijo desarrolla su pensamiento, lo cual le permite:

• **Ser un buen observador.** Tu hijo muestra interés por todo lo que le rodea: lo que ve, lo que oye, lo que siente... Y no lo hace de una manera automática, sino que va seleccionando aquella información que le parece más relevante, diferenciándola y añadiéndola a la que ya posee. Estamos en un momento muy bueno para que se produzca el aprendizaje, pues el niño se siente motivado a aprender.

• **Desarrollar una actitud crítica.** Su forma de pensar es ya más realista, con lo cual ya no se cree todo lo que le cuentan. Ahora desea una explicación más lógica y no se conforma con cualquier razonamiento.

• **Mantener la atención durante más tiempo, sin distraerse.** Los cambios que se producen en el sistema nervioso central determinan que, a partir de los 6-7 años, tu hijo pueda concentrarse durante más tiempo en actividades que requieren una especial atención.

- **Desarrollar su capacidad de memoria.** Tu hijo va a ser capaz de retener más información que en años anteriores, lo cual facilita enormemente el aprendizaje.
- **Tener una mejor disposición para aceptar las tareas** que le vienen impuestas desde el exterior. Al niño de 6-7 años ya no le interesa sólo jugar. Ahora necesita recibir otro tipo de estímulos y la escuela va a cubrir esta necesidad.
- **Entender y manejar mejor el lenguaje verbal.** El desarrollo del lenguaje permite a tu hijo entender todos los mensajes y la información que recibe en la escuela.

Capítulo VIII

Las 10 cosas que va a aprender

Tu hijo va a aprender en el colegio muchísimas cosas. Cada día irá adquiriendo un nuevo conocimiento que se convierte en la base para poder ir aprendiendo otros muchos.

En las siguientes páginas encontrarás una síntesis de los 10 aprendizajes más importantes que se van a producir en el periodo comprendido entre los 6 y los 8 años.

Expresarse artísticamente

La lectura

Música y ritmo

La escritura

Su cultura

Lo que tu hijo va a aprender

El concepto de número

El lenguaje

Conocimiento sobre uno mismo y los demás

Las matemáticas

El medio

LA LECTURA

La lectura es un aprendizaje instrumental básico; esto quiere decir que saber leer, además de ser importante, se encuentra en la base de nuevos conocimientos. Cuando el niño sabe leer puede comprender un texto y responder preguntas acerca de él, se va preparando para la escritura, es capaz de entender los enunciados de los problemas de matemáticas, etc. En otras palabras, la lectura está en la base de su aprendizaje.

A los 6 años tu hijo se encuentra preparado para empezar a leer. A esta edad ya dispone de un amplio vocabulario que le va a facilitar el reconocimiento de las palabras, controla mejor el movimiento de sus ojos y su nivel de pensamiento le permite establecer relaciones entre las letras, las palabras, etc.

Ahora bien, estar preparado no significa que vaya a ser una tarea fácil. A esta edad, la lectura exige que el niño esté atento y se concentre en aprender una serie de signos abstractos, representaciones gráficas que están muy alejadas de lo que el niño ha manejado hasta ese momento.

Etapas de la lectura

Lo primero que el niño aprende son los sonidos; va aprendiendo las letras y, poco a poco, las va uniendo para leer palabras y frases. Algunos métodos de lectura comienzan directamente por la enseñanza de palabras como el nombre propio o el de las cosas más significativas para el niño («mamá», «papá», «casa», etc.). Ambos métodos pueden utilizarse de manera simultánea para favorecer el aprendizaje.

A los 7-8 años, el niño reconoce ya todos los sonidos y es capaz de leer, aunque todavía con muchas dificultades. Lee de forma entrecortada y titubea ante palabras difíciles o nuevas para él. También es normal que cometa errores —como inventarse las palabras después de leer la primera sílaba— o que cambie algunas letras por otras.

Por eso esta fase de iniciación a la lectura tiene como objetivo principal descodificar, es decir, identificar letras, palabras y frases. Esta tarea requiere tanto esfuerzo que lo normal es que el niño apenas se entere de lo que está leyendo. Cuando tenga mayor dominio para identificar lo que lee, podrá dedicar más atención a entender lo que está leyendo.

La importancia del cuento
A través del cuento, el niño entra en contacto con personajes que viven una situación de conflicto, que se soluciona con la intervención

Aprender a leer

En un estudio longitudinal (el que analiza los cambios que se producen en un periodo de tiempo) se describieron diferentes fases en el aprendizaje de la lectura:

- Una primera fase, caracterizada por la confianza en la predicción, en la que los niños dicen palabras que no se encuentran en el texto y que a menudo asocian a las ilustraciones del mismo. En esta fase cometen muchos errores.
- Una segunda fase, que podríamos denominar silenciosa, en la que el niño dedica un tiempo a descifrar cada uno de los símbolos.
- Una tercera fase en la que ya se le da un sentido a lo que se percibe.

adecuada. Los elementos que componen el cuento son tan atractivos que rápidamente captan a quien los escucha. Para el niño son muy importantes estos relatos, que pueden ser utilizados en cualquier momento; contarle un cuento puede utilizarse como premio por haber hecho algo correctamente. Es una forma de hablar con el niño en la que, además, él puede participar.

Los niños pequeños adoran que les cuenten el mismo cuento una y otra vez, normalmente hasta que son capaces de contártelo ellos mismos con pelos y señales. De esta manera adquieren un vocabulario muy rico y expresiones que les ayudan a estructurar categorías tan importantes como son el espacio y el tiempo (mañana es después de esta noche, el camino que toma el lobo es más corto que el de Caperucita...). El cuento forma parte del juego, y sin él muchos de los conceptos esenciales serían aburridísimos de transmitir.

A tu hijo de 6-7 años le va a encantar que leas para él. Te escuchará con agrado y tú disfrutarás porque ves cómo él sigue la trama de lo que le estás contando.

Las posibilidades que nos ofrece el cuento son innumerables y estimulan la creatividad y el ingenio de padres e hijos. A continuación te proporcionamos algunas ideas acerca de cómo usar los cuentos:

• Contar el cuento a partir de las imágenes del libro.
• Contar un cuento que nos sabemos y dibujarlo para hacer nuestro propio libro.
• Representar el cuento disfrazándonos con ropa que tengamos en casa o haciendo nuestros propios títeres.
• Grabar el cuento en una cinta de casete (o en un vídeo) fingiendo las voces de los distintos personajes para luego escucharnos (o vernos).

Cualquier idea en la que usemos el juego será bien aceptada por el niño, y así el cuento se convertirá en nuestro mejor aliado para disfrutar con nuestro hijo y facilitar su desarrollo.

Los libros que les gustan a los niños entre los 6 y los 8 años

En este periodo van a preferir los libros con dibujos, con textos breves donde predominen los diálogos, las palabras y frases sonoras..., escritos con letra grande, etc. Los temas y géneros que más les gustan son:

- Las historias que cuentan la vida de niños y niñas como él, que pasan por situaciones similares a la suya.
- Las historias de aventura, de fantasía y humor.
- Las fábulas y cuentos de siempre.
- Las obras de teatro que pueden representar, así como los libros de poemas, adivinanzas, acertijos, etc.
- Libros y material diverso (por ejemplo, un libro acompañado de un CD para el ordenador) sobre temas de conocimiento general: el cuerpo humano, la naturaleza, los animales, etc.

Cómo favorecer el aprendizaje de la lectura

Aunque es lógico que depositemos en el colegio nuestra confianza y la responsabilidad de la enseñanza de la lectura, los padres podemos contribuir a que ésta sea una actividad atractiva y motivadora para el niño. Debemos convencernos de que la lectura no es sólo útil en la escuela, sino en cualquier momento de la vida de tu hijo.

Las siguientes pistas te ayudarán a facilitar este proceso:

- **Empecemos por tu ejemplo.** Debemos mostrar interés por la lectura. Permitir al niño el acceso a los periódicos, tener siempre algún libro adecuado para su edad y leer delante de él son motivos suficientes para despertar la curiosidad del niño, y harán que se pregunte: «¿Qué será "eso" que mantiene a mis padres tan entretenidos?».

- **Explica a tu hijo para qué sirve la lectura.** Se ha demostrado que éste es uno de los factores que mejor explica que unos niños aprendan a leer mejor que otros y que demuestren más interés. Tu hijo debe conocer para qué lee, darle un sentido. Podemos leerle un cuento y hacerle ver que no nos estamos inventando nada, que todo está ahí escrito, leer la carta de un familiar, los carteles de la calle, los anuncios de la tele... La letra debe tener un sentido para el niño, una significación adaptada a sus necesidades, algo que pueda serle útil.

- **Aprovecha cualquier momento para leer con tu hijo.** Al principio no conocerá las letras y pondrá una buena dosis de imaginación para traducir lo que está escrito; los libros ilustrados le permitirán imaginar una historia y le harán sentirse importante porque *ya es capaz de leer.*

- Es importante que tu hijo disponga de otros libros, además de los del colegio, para **ir formando una pequeña biblioteca** que podrá cuidar y consultar cuando quiera.

- **Haz de la lectura un juego.** Es la mejor manera de enseñar al niño a conocer las letras, identificarlas, agruparlas...

- **Utiliza los juguetes de tu hijo para motivarle.** Las instrucciones, las pegatinas, los rotuladores... tienen letras que se pueden ir identificando. Cuando compres un juguete, lee con tu hijo las instrucciones, intentad entenderlas entre los dos y, si os parecen muy complejas, poneos vuestras propias normas y apuntadlas para que a ninguno de los dos se os olviden.

- **Estableced un momento diario para la lectura.** La hora de leer puede convertirse en algo agradable para padres e hijos. Tal vez durante toda la tarde no habéis tenido ocasión de pasar un tiempo juntos y ambas partes estáis deseando volver a encontraros. Si ese ratito comienza con cinco minutos de lectura, tu hijo pronto aprenderá que a ti te gusta leer con él y es posible que vaya a buscarte con el libro debajo del brazo. Leed juntos, sin prisa, disfrutando de los dibujos, y, sobre todo, asociando este momento con actividades que compartís después que también son agradables (jugar a algo, pegar en el álbum los cromos que estáis coleccionando juntos...).
- **Pide consejo.** Es posible que no siempre tengas claro cómo motivar a tu hijo o qué lecturas son las más aconsejables para él. No dudes en hablar con el profesor y otros profesionales para informarte, aprender nuevas estrategias y resolver tus dudas.

LA ESCRITURA

Desde el punto de vista del aprendizaje, el proceso lógico sería el siguiente: aprender a hablar, aprender a leer y aprender a escribir. La lectura y la escritura son procesos que se pueden ir dando de forma más o menos paralela; sin embargo, para que la escritura signifique realmente algo para él, el niño tiene que identificar primeramente lo que dice con lo que está escrito.

Es importante que estos aprendizajes básicos —la lectura y la escritura— se adquieran de manera adecuada, porque de ellos depende lo que tu hijo va a aprender posteriormente. Un niño de 7-8 años que no sabe apenas leer encontrará muchas dificultades para seguir el ritmo de su clase y para entender los complejos libros, que, aunque suficientemente enriquecidos con ilustraciones, gráficos y esquemas, están llenos de palabras cuya lectura y comprensión son imprescindibles a la hora de hacer las tareas que se exigen.

Por tanto, para aprender a leer y a escribir, y sacar el máximo partido a estas tareas, se necesita tiempo, y no conviene agobiar al niño.

Aprender a escribir

Gracias al dibujo, tu hijo ha adquirido bastante control sobre sus movimientos. Sabe manejar el lápiz con mucha precisión y cada vez puede dibujar cosas más complicadas.

Poco a poco irá aprendiendo la forma de las letras y uniéndolas unas con otras. Nos encontramos en la fase precaligráfica, un momento en el que el niño todavía comete muchos errores, como trazos irregulares, letras que *tiemblan* o se presentan llenas de *abolladuras*. Por supuesto, le cuesta escribir en línea recta, y en los textos libres, cuando no son copias, puede utilizar indistintamente letras mayúsculas y minúsculas.

Tu hijo empezará por escribir textos breves (una carta o una invitación de cumpleaños, por ejemplo), aunque todavía no conoce las reglas de puntuación y, por eso, escribe todas las frases seguidas, se olvida de algunos verbos... Está escribiendo como habla. Poco a poco irá aprendiendo reglas que le permitan estructurar mejor las frases.

Para facilitar este aprendizaje, es importante que animes a tu hijo a que escriba en situaciones diferentes. Por ejemplo, puedes encargarle que coja las llamadas de teléfono y anote un recado, o que haga la lista de la compra. Podemos aprovechar cualquier circunstancia de la vida cotidiana y convertirla en una magnífica oportunidad para que el niño demuestre lo que sabe.

¡Qué mal escribe mi hijo!

La caligrafía de tu hijo va a ir mejorando a partir de los 6 años. Pero es normal que no sea perfecta en estos primeros momentos. Hacer copias o completar los típicos cuadernillos que todos recordamos haber usado pueden ayudarle, pero convertirlo en la única manera de que el niño escriba puede resultar bastante aburrido. Hay que dosificar estas actividades y permitir que el niño escriba sobre cosas que son significativas para él (por ejemplo, las invitaciones de su cumpleaños). De esta manera, al encontrarle una utilidad, tu hijo se sentirá más motivado para escribir.

 ## EL DESARROLLO DEL LENGUAJE

Los distintos contenidos sobre los que le van a hablar a tu hijo en la escuela le proporcionan una magnífica oportunidad para mejorar y ampliar su vocabulario. Los animales, el cuerpo humano, la formación de la tierra, los cambios climáticos, las diversas culturas... son algunos de los temas que le van a permitir conocer más sobre lo que le rodea, pero también repercutirá de forma positiva en el lenguaje.

La escritura y la lectura van a favorecer que su lenguaje cobre un significado diferente, y tu hijo empezará a utilizarlo para comunicar sus propios mensajes, sentimientos, deseos e ideas.

Va a descubrir que el lenguaje que habla se puede escribir, y a partir de ahí, tendrá la oportunidad de conocer los textos que han sido escritos por otros, aprendiendo a reconocer los diferentes estilos y a detectar las ideas principales.

1? EL CONCEPTO DE NÚMERO

Las nuevas habilidades que surgen en su pensamiento le van a permitir utilizar los números no sólo por repetición, sino entendiendo su verdadero significado.

Es cierto que todavía utiliza el número de una manera muy concreta. Por ejemplo, necesita dibujar el número de manzanas que quiere sumar, o representarlas con los dedos de la mano, para hacerse una idea de la cantidad sobre la que tiene que operar.

Poco a poco, podrá usar los números sin tener que representarlos de ningún modo.

LAS PRIMERAS OPERACIONES MATEMÁTICAS

El cálculo, después de la escritura y la lectura, ocupa un lugar destacado en la actividad escolar de tu hijo.

El niño necesita las mismas condiciones requeridas para el aprendizaje de la lectura y de la escritura para poder llevar a cabo operaciones sencillas de cálculo. Es decir, le va a costar escribir los números, de la misma manera que le cuesta escribir las letras.

Por otro lado, necesita entender qué es lo que está haciendo, para qué sirve... En ocasiones nos empeñamos en que el niño haga miles de sumas o de restas, pero realmente no entiende su significado. Tu hijo necesita conocer la utilidad de lo que está haciendo para que le sea significativo, y para ello es esencial que el aprendizaje esté conectado con situaciones de la vida diaria.

Los progresos en el cálculo son, por lo general, más lentos, y de nuevo el hogar desempeña un papel importante a la hora de facilitar al niño un ambiente apropiado para adquirir estos conceptos fundamentales.

Tareas como ir a la compra, jugar al parchís o a cualquier otro juego que implique sumar y restar cantidades, tener una hucha en la que se mete y se saca dinero, contar los cromos que ha pegado en el álbum y los que le faltan de una colección... pueden ser actividades muy eficaces para familiarizar al niño con las operaciones matemáticas.

Lo que tu hijo puede hacer
A partir de los 7 años, el niño es capaz de realizar operaciones simples; con el paso del tiempo irá descubriendo operaciones más complejas que le servirán de trampolín para llegar al razonamiento abstracto.

No debemos asustarnos si este cambio tarda en producirse, conviene que seamos pacientes y respetemos el ritmo de desarrollo de nuestro hijo.

El niño de 6-7 años está capacitado para entender operaciones de sumar sencillas: puede aprender a llevarse cantidades; a sumar números de varias cifras... Basta con que se le explique cómo funciona la suma y se entrene para hacerlo correctamente.

Otras habilidades, como la capacidad de ordenar y clasificar las cosas, le van a ser muy útiles para iniciarse en el aprendizaje de los primeros conceptos matemáticos.

Una vez aprendida la suma y entendido su mecanismo, podrá aprender a restar. Al prin-

La fatiga escolar

Si sumamos a las horas que el niño pasa en la clase el tiempo invertido en desplazamientos, en actividades extraescolares y —en algunos casos— en el comedor, vemos que realmente tiene motivos para estar cansado. A esto contribuyen la falta de sueño, el madrugón y un desayuno rápido, para llegar por fin al colegio con una cartera llena de libros.

Si bien en la mayoría de estas circunstancias intervienen factores que no podemos controlar, es necesario que facilitemos al niño algunas tareas para que no se conviertan en cargas pesadas:

- No convertir la casa en otro colegio. Ante dificultades escolares, el niño necesita una pequeña ayuda, pero no podemos dejar que nuestra casa sea una nueva aula para el niño.
- No dramatizar los fracasos. Si algo le sale mal al niño, lo que más necesita es que alguien le enseñe cómo puede hacerlo bien.
- Respetar las horas de sueño y de descanso del niño.
- Una buena costumbre es la de enseñar al niño a preparar la ropa y los libros que va a utilizar al día siguiente; de esta manera podrá levantarse con el tiempo justo de lavarse, vestirse y desayunar.
- Vigilar el peso que lleva en la cartera y utilizar mochila con ruedas siempre que sea conveniente.

cipio es posible que confunda las dos operaciones, sobre todo con «las que se lleva», pues a través de las mismas instrucciones le pedimos que haga cosas diferentes.

Con la suma y la resta puede resolver problemas de matemáticas sencillos. La mayoría de las veces necesitará dibujar lo que está haciendo, y también tú puedes representarle el problema con algunos dibujos para que comprenda mejor el enunciado.

Y como siempre, debe entender para qué sirve todo este conocimiento. La experiencia diaria nos ofrece numerosas oportunidades para sumar y restar. Debemos aprovecharlas, pues si tu hijo ve que es útil lo que le enseñan en el cole se sentirá más motivado para aprender.

 ## CONOCIMIENTO DEL MEDIO

Cada vez le va a ser más fácil comprender los conceptos de tiempo y espacio. Entiende perfectamente el pasado, el presente y el futuro, y sabe ordenar diferentes acontecimientos temporales (ayer, hoy, mañana...). Primero sabrá ordenar sucesos que forman parte de un pasado y un futuro más próximos, para después entender otros que han sucedido o sucederán dentro en un plazo de tiempo más amplio.

Toda la información acerca de sucesos biográficos e históricos contribuye a que aumente este interés y se perfeccione el conocimiento.

Empieza a entender el espacio y sabe que su casa se encuentra en un barrio, pueblo o ciudad, y que existen otros conceptos como los países, los continentes, etc., en los que se integran los primeros. Además, siente curiosidad por conocer más sobre el medio que le rodea. Es cierto que todavía no tiene muy claro el tema de las distancias, pero poco a poco, comparando unas con otras, le será más fácil saber lo que está cerca y lo que está lejos.

No olvides que...

Tu hijo ha ido adquiriendo diferentes nociones del espacio. Primero ha ubicado lo que tiene más cerca de él (su casa y su barrio) para luego ir entendiendo conceptos más amplios (la ciudad, el país...).

En la escuela van a ampliar enormemente el conocimiento que tu hijo tiene de su entorno. No sólo oirá hablar de lo que le rodea, sino que aprenderá otras muchas cosas sobre la naturaleza, la historia, la sociedad..., conocerá cómo funciona su cuerpo y cómo debe cuidarlo, etc.

Todo eso le ayudará a desarrollar su pensamiento y a reflexionar sobre el porqué de las cosas. Desde ahí, le será más fácil entender que es esencial respetar y defender el medio ambiente.

 ### ARTES PLÁSTICAS

El dibujo es muy importante para tu hijo. Ya hemos visto que a través de él puede expresar lo que siente, desea, piensa...

Por otro lado, va a disfrutar con todas aquellas actividades que le permitan manipular diferentes objetos.

Posiblemente le gusten mucho las actividades de modelado. La plastilina y la arcilla son materiales a partir de los cuales puede me-

jorar sus movimientos y representar la realidad que conoce.

También le va a encantar recortar y pegar. Ten en cuenta que la tijera es una herramienta difícil de utilizar, que requiere mucha destreza y coordinación. A los 6 años, tu hijo será capaz de recortar pequeñas figuras geométricas. Pegar será más sencillo.

Pintar, dibujar, calcar, modelar, recortar... son medios que le permiten expresarse, manifestar su sensibilidad estética, ser creativo y aumentar la capacidad para disfrutar con las diferentes manifestaciones artísticas.

MÚSICA Y RITMO

A través de la música tu hijo también va a poder expresarse. Moverse siguiendo el ritmo le permite adquirir un mayor control sobre su propio cuerpo. Los compases marcan un patrón que le ayuda a organizar su mente y que repercute en diferentes aprendizajes. Por ejemplo, el ritmo musical le sirve para mejorar la entonación e incluso para entender mejor algunos conceptos matemáticos.

Cantar, bailar, tocar algún instrumento... son actividades que le permiten desarrollar su creatividad y su expresión musical, así como la capacidad para disfrutar de las diferentes obras musicales.

CONOCIMIENTO SOBRE UNO MISMO Y LOS DEMÁS

Desde el momento en que nace, tu hijo ha ido tomando conciencia de que es un ser diferente al resto. Poco a poco, va a ir organizando la información que recibe sobre sí mismo, conociendo más su cuerpo, su pensamiento y sus emociones.

La escuela, sobre todo el hecho de relacionarse con otros niños, ayudará a tu hijo en este proceso:

• En primer lugar, contribuye al desarrollo de su propia individualidad. El colegio favorece que surjan los sentimientos de independencia. Tu hijo tendrá cada vez más ganas de experimentar por sí solo, de conocer el entorno que le rodea, sin tener que depender siempre de la ayuda o de la supervisión de los demás. La escuela permite que tu hijo explore sin peligro y eso hace que aumente la seguridad y confianza en sí mismo.

- En segundo lugar, el cole exige que el niño colabore con otros. Tu hijo aprende así a participar, a trabajar en equipo, a intercambiar información, a asumir las responsabilidades que le toquen... Realizar actividades en grupo permite la aparición de valores como la colaboración, el diálogo y el respeto.

 ## CONOCER LA CULTURA Y LA DIVERSIDAD

La escuela es, junto con la familia, la principal transmisora de los valores y tradiciones de una cultura.

Conocer el patrimonio cultural le permitirá valorar su importancia y respetar las diferencias que existen entre las personas que pertenecen a diferentes regiones y países.

Desde el conocimiento y la cultura es mucho más fácil respetar a los demás y comprender que no tiene sentido discriminar a nadie por razones de sexo, clase social, creencias, religión...

No debemos olvidar que vivimos en un mundo donde las distancias entre culturas diversas han ido disminuyendo y que nuestro propio entorno es un mundo multicultural.

Tu hijo va a crecer con la riqueza que supone conocer a personas que pertenecen a culturas diferentes.

Aprender otros idiomas contribuye al desarrollo del pensamiento y favorece la aparición de los valores básicos que rigen la vida y la convivencia entre las personas.

CAPÍTULO IX

Favoreciendo el aprendizaje

La seguridad y la confianza que tu hijo tenga en sus propias capacidades son variables que afectan a su aprendizaje. Si él se siente seguro de sí mismo, si se ve capaz de realizar las diferentes tareas, si se siente de algún modo recompensado por ello, entonces aumentará su motivación.

Por el contrario, si siente que no puede aprender, que no entiende nada, que le regañan cada vez que hace las cosas mal y le recuerdan que es un inútil, entonces lo más probable es que termine creyéndose que no está capacitado para aprender y pierda el interés por hacerlo.

Veámoslo de una manera gráfica:

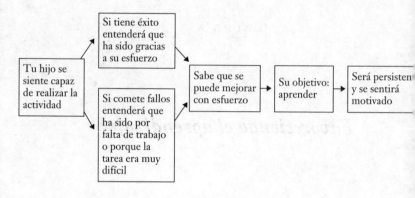

Tu hijo no se sentirá motivado sólo por conseguir siempre el éxito, sino porque aprende (porque tú y en el colegio le enseñáis) que puede lograr superar las dificultades con esfuerzo y que no se debe desanimar cuando las cosas no van como él desea. Para lograrlo, necesita confiar en sí mismo, sentir que los demás confían en él y en sus posibilidades.

¿Qué pasa cuando tu hijo no confía en sus habilidades ni en su capacidad para aprender?

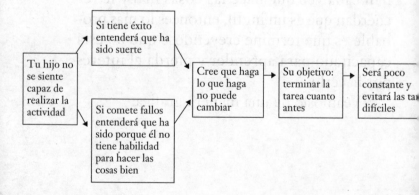

En este último caso, tu hijo entenderá que si le han salido bien las cosas ha sido por pura casualidad, que él no ha tenido nada que ver. En cambio, entenderá que los fallos sí son debidos a su poca habilidad para resolver la tarea. Estas creencias le llevan a la idea de que él, haga lo que haga, no puede controlar el aprendizaje. Por eso desea terminar cuanto antes la actividad; no le preocupa si ha aprendido o no. Nos encontramos entonces ante un niño desmotivado, que no demuestra interés por las tareas y, especialmente, evitará aquellas que son difíciles, pues tiene claro que va a fracasar y a nadie le apetece enfrentarse a un nuevo fracaso.

Muchas de estas ideas que desmotivan al niño están causadas por la experiencia: si él sólo experimenta fracasos, entonces creerá que siempre será así. Pero también tienen mucho que ver los mensajes que lanzamos al niño y la presión que ejercemos sobre él para que aprenda. Por eso es importante:

- Estar atento a los progresos de nuestro hijo, aunque no nos parezcan importantes, y hacerle ver que eso se debe al esfuerzo que está poniendo.
- No remarcar demasiado los fallos. Tu hijo está aprendiendo y necesita algo de tiempo

para desenvolverse sin problemas en la lectura, en la escritura, etc. Si continuamente le reprochas lo mal que se le da, terminarás haciéndole creer que no va a ser capaz de hacerlo nunca bien.

- Facilitar experiencias en las que pueda tener éxito. Si le cuesta leer, no le des textos difíciles. Busca una lectura agradable, lee con él, alábale cada vez que diga bien una palabra.
- No compararle con otros compañeros. Cada niño lleva su propio ritmo de aprendizaje y compararle con otros con más capacidad en algunas cosas sólo contribuirá a mermar la confianza de tu hijo.

EN COLABORACIÓN CON EL COLEGIO

Lejos quedan los tiempos en que los padres se mantenían al margen de la educación que sus hijos recibían en el colegio. Existía una ciega confianza en lo que se hacía en el ambiente escolar y, por otro lado, un desconocimiento que imposibilitaba establecer una relación entre el proceso de aprendizaje y la vida diaria.

Las cosas han ido cambiando y cada vez son más los padres que se interesan por los contenidos y estrategias que se dan en la escuela. Los padres no quieren estar fuera de la educación y participan y se informan de todo cuanto va sucediendo.

Desde esta actitud es más fácil que podamos proporcionar a los niños aquello que necesitan para su desarrollo integral. De nada sirve, por ejemplo, que nos pongamos en contra del profesorado o que intentemos ir por nuestro lado, sin tener en consideración lo que se hace en el colegio. A fin de cuentas, estaríamos tirando piedras contra nuestro propio tejado, esto es, poniendo trabas a la educación de nuestro hijo.

Tu actitud determina la de tu hijo

Fíjate en las siguientes expresiones:

Ese profesor no sabe enseñar.

Mi hijo se aburre en el colegio, porque no atienden sus necesidades.

Ese profesor es demasiado joven para imponer una disciplina.

El colegio no sabe lo que hace; deberían cambiar de director.

Éstas y otras muchas pueden formar parte de tu opinión y de lo que expresas delante de otros padres o de tus propios hijos. Piensa en qué medida posibilitan que tu hijo confíe en el colegio y en los profesores.

Si minusvaloras al profesorado, tu hijo no confiará en él ni será una figura de autoridad significativa. En otras palabras, no le hará ni caso. Y si tu hijo no escucha ni muestra respeto hacia las personas encargadas de su educación, difícilmente podrá aprender algo de ellas.

Y aunque no te lo parezca, tu hijo conoce la opinión que te merece el colegio. Le basta observarte cuando hablas con su profesor o cuando sales de una reunión de padres. No hace falta que digas nada para que se dé cuenta de tu actitud.

Para favorecer su motivación e interés hacia las actividades escolares es importante que para ti también sean significativas. Si tú *pasas* de lo que hace en el colegio, si desprecias el trabajo de los profesores o de los demás profesionales, tu hijo llegará a la conclusión de que el colegio no sirve para nada. Y entre los 6 y los 8 años te puede parecer gracioso que tu hijo haga algún comentario negativo sobre la escuela, pero cuando sea un adolescente, difícilmente podrás hacerle razonar sobre la importancia del estudio en su formación.

No olvides que...

La personalidad e identidad de tu hijo se va formando a lo largo de toda su vida. La mayoría de los problemas en la relación con nuestros hijos surge cuando éstos son adolescentes. A estas edades, la presión social —y sobre todo de los amigos— tiene un papel esencial. Pero la educación que le hayamos proporcionado no va a caer en saco roto. Si queremos que valore el colegio y la educación que recibe ahora y en un futuro, deberemos transmitirle una actitud positiva.

Cuando surgen las dificultades

También surgen problemas en el colegio. A veces están relacionados con el aprendizaje o la conducta de los alumnos, otras con el profesorado y demás profesionales de la educación, otras con las instalaciones... Las dificultades están ahí y negarlas carece de sentido.

Ahora bien, ya sabemos que no basta con criticar. Hay que buscar soluciones y utilizar los cauces que tenemos a nuestra disposición para encontrar caminos alternativos que nos permitan mejorar o cambiar las cosas.

Si tu hijo presenta algún tipo de dificultad escolar, habla con el profesor. Él te proporcionará una visión de lo que está sucediendo y juntos podréis diseñar alguna estrategia que permita a tu hijo ir superando los obstáculos. No culpes al niño, pues eso no le ayudará en nada. Ni tampoco al profesor. Encuentra lo que tu hijo necesita y procura proporcionárselo.

Informarse y participar

Informarse y participar constituyen dos factores esenciales en la relación que mantenemos con el centro educativo donde estudia nuestro hijo.

La **información** nos permite, en primer lugar, conocer la pedagogía que sigue el centro, los métodos que utiliza, los recursos de los que dispone... Además, estamos en un contexto en el que trabajan profesionales especializados en educación que nos pueden aportar muchas ideas y pistas sobre cómo mejorar la relación que mantenemos con nuestros hijos. Infórmate de las actividades que se realizan. Habrá algunas en las que tu hijo puede participar, y otras que serán de utilidad para ti, como las escuelas de padres y de madres, donde puedes compartir experiencias y descubrir nuevas formas de relacionarte con tus hijos, de superar dificultades, de disfrutar más de lo que te aportan...

No tienes por qué esperar a que surjan dificultades para acceder a este tipo de información. Te resultará provechosa en cualquier caso y facilitará tu implicación en la educación de tus hijos.

Y si se presenta algún problema, no dudes en buscar los recursos que están a tu disposición para intentar solventarlo.

La **participación** nos permite sentirnos parte del sistema educativo. No podremos cambiar aquello que no nos gusta si permanecemos al margen. Nuestra aportación es más valiosa de lo que nos podemos imaginar. Lejos queda la idea de que los profesores son los únicos responsables de lo que sucede en el colegio.

La sociedad en la que vivimos es cada vez más compleja, y ni nosotros como padres, ni

Los deberes de 6 a 8 años

A estas edades, lo normal es que los niños no lleven deberes a casa. Las principales actividades que realiza nuestro hijo en el colegio están relacionadas con la lectura, la escritura y las primeras operaciones, como la suma y la resta.

Salvo casos excepcionales o metodologías concretas, los niños tienen suficiente con el tiempo que dedican a esas tareas en el colegio, así que lo recomendable es que en casa dedique su tiempo a otra cosa.

Ahora bien, ni la lectura ni la escritura son prácticas restringidas al ámbito escolar, y sin considerarlo como deberes, es aconsejable que tu hijo ponga en práctica todo aquello que está aprendiendo en el colegio. El colegio y la vida cotidiana no son dimensiones separadas entre sí ni tienen por qué serlo.

A través de numerosas actividades (el juego, la lectura, etc.) se le puede demostrar al niño que lo que le enseñan en el colegio le sirve fuera de él.

Y desde luego, no castigues nunca con actividades escolares. Es absurdo obligar al niño a que lea o escriba un listado enorme de cosas porque se ha comportado de forma incorrecta. De hacerlo así, tu hijo aprenderá que leer o escribir son conductas negativas, nada motivadoras.

Si tu hijo acusa dificultades de aprendizaje y es necesario un programa de reforzamiento, habla con el profesor para encontrar entre los dos la mejor manera de plantearle las actividades de manera que le sean atractivas y no las vea como una carga.

los profesores como profesionales, podemos hacernos cargo de todo lo que nuestros hijos necesitan.

La colaboración, el intercambio de opiniones y de conocimientos, la implicación en las diferentes actividades que se realizan y decisiones que se toman, etc. contribuirán de forma positiva en el ambiente escolar y en la educación que proporcionamos a nuestros hijos.

CAPÍTULO X

El papel de las emociones

Tu hijo va a ir creciendo en todas las dimensiones de su personalidad. No sólo aprenderá a moverse con más finura y precisión, sino que también va a experimentar importantes cambios en el ámbito del pensamiento: cada vez conoce más cosas, utiliza más palabras y mejora su expresión, reflexiona sobre lo que sucede...

Pero no podemos olvidar otra faceta que también es esencial en el desarrollo de cualquier niño: las emociones.

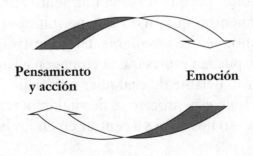

Pensamiento y acción — Emoción

Aunque hayamos ido tratando los temas por separado, lo cierto es que una persona crece y se desarrolla como un único ser. Todo lo que ocurre en el ámbito del pensamiento (y de la acción) afecta al modo en que el niño entiende el mundo y, por extensión, también repercute en cómo se siente.

Y en este proceso van a cobrar una vital importancia las relaciones con los demás. Durante estos primeros años (y también después), tu papel de padre o madre va a ser fundamental. Tú le vas a enseñar muchas cosas, y una gran parte va a estar relacionada con la expresión de emociones. Le vas a explicar que llora porque está triste, o que esa sensación que ha experimentado cuando su amigo se ha ido a jugar con otro se llama enfado.

Pero no sólo describirás lo que le sucede, sino que vas a intentar ayudar a tu hijo a que manifieste sus emociones de forma adecuada. Por ejemplo, en ocasiones le dirás que no debe llorar, porque no es el momento apropiado, mientras que en otras le permitirás que se desahogue. Le enseñarás, en definitiva, que no se pueden expresar emociones en cualquier lugar ni delante de cualquier persona.

Todo este proceso es de vital importancia, y por eso nos vamos a centrar en él. En la medida en que tu hijo aprenda a expresar sus emociones, a entender lo que le sucede, a sentirse dueño de lo que siente... crecerá psicológicamente sano, y eso repercutirá en cómo se enfrenta a las dificultades.

EMPIEZA POR CONOCER CÓMO SIENTES TÚ

El principal modelo a partir del cual tu hijo va a descubrir sus propias emociones eres tú. De ti aprenderá cómo se expresan el enfado o la alegría, qué hacer cuando uno se siente triste o cómo afrontar las situaciones difíciles. Tú eres su principal referente.

Por eso, un primer paso para educar sus emociones es reflexionar acerca de cómo actuamos y pensamos cuando somos nosotros quienes las experimentamos.

Desgraciadamente, nos han educado muy poco para conocer nuestras emociones. Por lo general, se nos ha enseñado que tenemos que reprimirlas y eso, por supuesto, no contribuye en absoluto a que podamos hablar de ellas o a que sepamos controlarlas.

Mientras estemos contentos parece que no hay problema; ¿pero qué pasa si sentimos tristeza ante algún acontecimiento de la vida o si volvemos a casa enfadados después de haber discutido con un compañero de trabajo?

Nadie nos ha dicho lo que debemos hacer en esos casos. Pero las emociones están ahí y repercuten en nuestro comportamiento y en las relaciones que mantenemos con los demás.

Fíjate en las siguientes respuestas que da un grupo de padres cuando ya no saben qué hacer con sus hijos:

«Me voy de la habitación dando un portazo».

«Le digo a su madre: "Ocúpate tú de él, que ya no puedo más"».

«A veces no me queda más remedio que zarandearle; puede conmigo».

«Sin darme cuenta, me pongo a gritarle».

¿Con cuántas de estas respuestas te identificas tú?, ¿cuáles son más frecuentes?, ¿por qué crees que te comportas así? Tú también experimentas emociones, forma parte de tu condición humana. Es importante que hables de ellas, que pidas la opinión de otras personas —pues te podrán aportar su objetividad y formas alternativas de comportamiento— cuando te sientas cansado o estresado. Nadie dice que educar a un niño sea sencillo.

Si a ti te cuesta, ¿cómo no le va a costar a tu hijo que las está experimentando por vez primera, que no sabe por qué surgen, ni siquiera cómo se llaman? Las emociones es algo de lo más difícil de educar, y no les damos importancia hasta que no caemos en la cuenta de que son el reflejo de nuestra personalidad y están en la base de nuestra forma de pensar y de comportarnos.

Vamos a reflexionar sobre lo que harías en las siguientes situaciones. Léelas con atención, pero luego, sin pensarlo demasiado, elige aquella opción que defina cómo te comportarías si te ocurrieran a ti.

Situación 1

Tu hijo se levanta por la mañana con ganas de fastidiar. Te has dado cuenta al comprobar que se negaba a vestirse. Intentas tener paciencia, pero él sigue sin ceder y no quiere ponerse lo que tú le has preparado. Dice que hoy no va al colegio y se pone a llorar.

a) Le dices que deje de comportarse como un niño y que espabile.

b) Le pides que colabore un poco porque llegáis tarde.

c) Le haces ver que entiendes que todos podemos tener un mal día y le preguntas sobre cómo resolverlo.

Situación 2

Te acaban de regalar un objeto valioso y muy atractivo. Tu hijo se acerca con curiosidad...

a) Le dices con voz firme: «Ni se te ocurra tocarlo».

b) Le dices con tranquilidad: «Es un objeto muy caro y sólo puede mirarse».

c) Le dices con serenidad: «Si quieres lo vemos juntos, pero con cuidado porque es delicado».

Situación 3

No sabes muy bien por qué, pero tu hijo vuelve triste del colegio. Descubres que se le ha perdido uno de sus juguetes favoritos en el patio...

a) Le dices: «Te advertí que no debías lle-vártelo».

b) Le dices: «Pero, hombre, si eso es una tontería..., no hay que ponerse así».

c) Le dices: «Sé que era importante para ti y es normal que estés triste».

Situación 4

Tu hijo siente celos de su hermano pe-queño. Cada dos por tres está montando una pelea porque el pequeño quiere sus jugue-tes.

a) Le gritas: «Ya está bien, la vida no es justa y tienes que aceptarlo».

b) Le ordenas: «Vete a tu cuarto».

c) Le explicas que no es fácil compartir, pero que puede disfrutar mucho con su her-mano si se lo propone.

Situación 5

Tu hijo tiene que hacer una copia para el colegio. Lleva toda la tarde y no hace más que borrar y empezar de nuevo. Cada vez se sien-te más desmotivado...

a) Le dices: «Es por tu culpa, no te estás esforzando».

b) Le metes prisa: «Venga, termina de una vez».

c) Le explicas que no es una tarea fácil y que si quiere puede tomarse un pequeño descanso.

Comentario a las diferentes situaciones
Cualquiera de las respuestas que hemos ofrecido puede conseguir que nuestro hijo elimine la emoción que experimenta. Pero no es ése nuestro objetivo; lo que pretendemos es que aprenda a dar un significado a lo que siente. Ninguna de las situaciones está descrita con demasiado detalle y por eso las respuestas son aproximadas. Los siguientes comentarios te ayudarán a reflexionar sobre cómo actuamos y te darán pistas acerca de cómo quieres actuar en el futuro.

Situación 1. La primera actitud no ayudará demasiado a que se tranquilice. Desde luego no hay que permitir que se salga siempre con la suya si todos los días se comporta de una forma caprichosa, pero quizás hoy se ha despertado un poco más nervioso. Merece la pena que le expliques que es normal que algunos días nos levantemos así, pero que hay que poner de nuestra parte. Buscar juntos una solución es la mejor opción.

Situación 2. La curiosidad es una de las características más relevantes de la infancia y quizás algo que no deberíamos dejar de tener a lo largo de nuestra vida. Mostrar interés por lo que nos rodea es importante. Negar al niño a que se comporte como tal carece de sentido. Ahora bien, hay que explicarle que no se puede tratar todas las cosas por igual. Enséñale cómo debe coger y observar las más delicadas.

Situación 3. Para tu hijo perder un juguete puede ser algo muy significativo. Que le restes importancia o que le culpes por ello porque ya se lo advertiste no le va a ayudar a sentirse mejor. Intenta entender lo que para él es importante, porque eso te permitirá comprenderle mejor y establecer una relación más cercana. Explícale que la tristeza es algo normal, permítele que se desahogue y luego anímale a que haga algo que le distraiga.

Situación 4. Tu hijo tiene que aprender a compartir con su hermano pequeño, pero todavía le cuesta. Decirle que debe aceptar las injusticias no es demasiado consolador, y menos cuando queremos después enseñarle el sentido de la justicia y lo importante que es respetar al otro. Y mandarle a su cuarto cuando puede llevar parte de razón sólo fomentará la ira y el resentimiento entre los hermanos. Pídele que sea paciente y anímale a que comparta. Más adelante veremos cómo podemos ayudarle a superar estos sentimientos.

Situación 5. La frustración es uno de los sentimientos que más fácilmente surge cuando vemos que las cosas no salen como nosotros queremos. Intenta ponerte en el lugar de tu hijo. Para él no es tarea fácil y, desde luego, lo último que necesita es que tú le reproches lo mal que le sale o que le metas prisa. Recomiéndale un breve descanso o prométele algo divertido para cuando termine. De esa manera conseguirás motivarle.

La vida diaria, con sus prisas, apenas nos deja tiempo para reflexionar sobre cómo respondemos a las emociones de nuestro hijo. A veces estamos mucho más preocupados porque se vista, desayune y se duche rápidamente que por lo que puede estar sintiendo. Debemos ser capaces de reconocer que esto sucede de esta manera y parar de vez en cuando no sólo a reflexionar, sino a buscar los espacios y el modo de transmitir a nuestro hijo todo aquello que también consideramos esencial en su educación.

LO QUE SIENTE TU HIJO

En el periodo que abarca desde los 6 a los 8 años, tu hijo va a ser capaz de regular sus propias emociones. Ya no es el niño de 3 años que se deja llevar por una rabieta sin más y con el que no es posible razonar. Ahora se le puede explicar las cosas y él va a *exigir* esa explicación.

Algunos estudios han intentado descubrir cómo se desarrolla este proceso de regulación de las emociones. En un estudio en concreto se les preguntaba a los niños de qué modo controlaban sus sentimientos cuando tenían que esperar para recibir un premio o para obtener una mala nota en un examen.

Los más pequeños intentaban evitar la situación y contestaban que se irían de ese lugar o se meterían en la cama. A medida que van creciendo, los niños son capaces de dar menos respuestas evasivas y de enfrentarse a la situación. Aprenden que pueden controlar con su pensamiento lo que sucede, es decir, que pueden autotranquilizarse y dominar sus emociones.

También aprenden a reprimir el afecto negativo y a no dejarse llevar por esos impulsos de llantos y pataletas típicos de años atrás. Por ejemplo, es más probable que sean capaces de reprimir el enfado ante una figura autoritaria adulta (por ejemplo, su profesor) que ante un compañero, con el que se comporta de una manera más espontánea y menos cohibida.

Las nuevas relaciones que mantiene con sus compañeros le harán ver que existen otras perspectivas diferentes a las suyas y eso le ayuda a conocer mejor las emociones, tanto las propias como las de los demás.

En cuanto a los miedos, también empiezan a disminuir a partir de los 6 años, aunque a esta edad suelen ser frecuentes los temores a criaturas imaginarias. Paulatinamente, tu hijo aprenderá a relajarse y se reducirá el miedo.

No olvides que...

Las emociones negativas es algo que no sabemos muy bien cómo educar, entre otras cosas porque es algo que no podemos controlar en nuestras propias vidas. No siempre tenemos claro cómo actuar cuando sentimos tristeza, ira o frustración, y por eso nos cuesta tanto enseñar a nuestros hijos a aceptar, controlar y manejar estas emociones. En cierto modo, la tendencia general que transmitimos es que hay que reprimirlas, que debemos avergonzarnos por experimentarlas. Esto genera mucha más culpa e inestabilidad.

UNA EMOCIÓN FRECUENTE: LOS CELOS

En ocasiones, somos los propios adultos quienes propiciamos que aparezcan los celos, al estar pendientes de la conducta de nuestro hijo mayor ante el nacimiento de su hermano. Si vemos al niño triste o enfadado, rápidamente lo atribuimos a los celos y, en la mayoría de las ocasiones, hay otras razones que explican estas emociones.

El propio desarrollo evolutivo o las experiencias del niño en su ambiente escolar o con los compañeros son situaciones que pueden explicar el cambio de comportamiento.

Ahora bien, es verdad que se puede producir una pequeña crisis en el desarrollo del hermano mayor y que pueden surgir algunos retrocesos: comienza a chuparse el dedo cuando antes no lo hacía, vuelve a hacerse pis en la cama, a no vestirse ni a comer solo, a adoptar el lenguaje, gestos y modales de un bebé...

Lo normal es que este periodo se supere sin demasiados problemas, sobre todo si la familia y los amigos próximos ponen cuanto esté de su parte para ayudar al niño a interpretar y manejar sus sentimientos.

Informarle cuanto antes de la llegada de un hermano

Al niño le ha de quedar muy claro que la llegada de un hermanito no va a suponer ningún tipo de privaciones; muy al contrario, encontrará en él a un amigo con el que jugar a todas horas y a quien enseñar todo aquello que ha aprendido.

Por lo general, el niño de 6 a 8 años acepta de buen grado la llegada de un hermano. Y por supuesto, los adultos deben ser conscientes de que, aunque se vayan a producir cambios, han de intentar que la confianza del niño no se vea afectada, ni por la frecuencia del trato, ni por las atenciones y caricias que está acostumbrado a recibir...

En lugar de rodear el nacimiento del bebé de una especie de misterio, lo mejor es informar al niño de todo. El temor se asocia siempre con lo desconocido; sin embargo, cuando uno está bien informado se ahuyentan los temores de inmediato. Es bueno llevar al niño al lugar donde nacerá el bebé y pedir su colaboración para preparar la cuna, ordenar su ropa... Así, se despertarán en el pequeño los deseos de disfrutar y gozar con la presencia del nuevo hermano.

El niño debe sentir que ayudar en los cuidados del bebé significa acceder al papel de «mayor», como una especie de promoción social que le hace ser más importante, en el sentido de ser confidente de secretos y depositario de responsabilidades que le conducen a pensar que es más capaz incluso que antes.

Ante las manifestaciones de celos

- No regañes a tu hijo cuando se vuelva a comportar como un bebé. Ante este retroceso (hablar de forma infantil, negarse a hacer cosas él solo...), lo mejor es no prestar atención.
- Hazle ver a tu hijo lo satisfecho y orgulloso que te sientes de él cuando se comporta de acuerdo con su edad.
- Evita que otros adultos centren toda su atención en el recién nacido cuando vienen de visita.
- Haz partícipe a tu hijo mayor del cuidado del bebé.
- Disfruta con tu hijo mayor del tiempo que pasáis juntos haciendo «cosas de mayores».

Capítulo XI

El conocimiento de sí mismo

Tu hijo de 6-7 años es mucho más independiente que cuando era más pequeño. Es capaz de pasar tiempo solo entretenido con cualquier cosa, y ya no necesita la presencia del adulto para moverse y conocer el entorno que le rodea.

De los 6 a los 8 años se va a mostrar emocionalmente tranquilo. Dentro de un tiempo empezará a experimentar los cambios propios de la preadolescencia. Pero por ahora, puede disfrutar de una serenidad que le permite centrarse en las diferentes actividades y disfrutar de ellas.

EL CONCEPTO QUE TIENEN DE SÍ MISMOS

La imagen que tenemos acerca de nosotros mismos nos ayuda a construir nuestra propia identidad. Desde la primera vez que reconoce su imagen en el espejo hasta pasada la adolescencia, el niño va a ir formando los principales rasgos de su personalidad.

Tu hijo se empezará a ver como una persona con rasgos físicos, y poco a poco irá incorporando rasgos psicológicos en el concepto que tiene de sí mismo. En este proceso cobran una gran importancia las relaciones que mantiene con las demás personas. ¿Por qué? Porque son los demás quienes nos dan pistas de cómo somos: nos aportan información sobre nuestra forma de ser, lo que hacemos bien y lo que hacemos mal, lo que resulta atractivo y lo que no...

En este sentido, los niños absorben toda esa información que le proporcionan las diferentes personas que le rodean, mostrándose especialmente sensible ante los comentarios de las personas significativas para él. Y a estas edades, los padres siguen siendo las figuras más importantes.

¿Cómo se describe a sí mismo tu hijo? El niño de 6-7 años es capaz de hacer una descripción de sí mismo más completa que en años anteriores.

Si le preguntas a un niño de 4 o 5 años «¿Cómo eres?», dirá que es alto o guapo o bueno.

Sus descripciones son sencillas y se basan, sobre todo, en rasgos físicos o de conducta (es bueno porque hace un rato se lo ha comido todo y tú le has hecho ver que eso es algo importante y muy positivo, por ejemplo).

Poco a poco, el niño va a integrar en sus descripciones otras características de tipo psicológico y social. Tu hijo va a empezar a describirse atendiendo también a lo que siente, piensa y desea. Todo esto le va a permitir ir tomando conciencia de las diferencias que tiene con las demás personas. Aunque utilizan rasgos físicos («Soy un chico alto y fuerte»), empiezan a emplear también otros que describen su forma de ser: «Me llevo bien con mis amigos», o sus habilidades: «Se me da muy bien leer, aunque todavía no sé sumar».

Asimismo, incluirá en sus descripciones los objetos que posee. Sus cosas (juguetes, libros, zapatos, etc.) forman parte de la vida de tu hijo, y por eso habla de ellas y le gusta que sean respetadas.

Además, también expresa los sentimientos que le unen a los demás. En las descripciones que hace de sí mismo, es frecuente que hable de sus padres, de sus hermanos...

Todo esto pone de manifiesto los importantes cambios que se están produciendo en el modo en que tu hijo se conoce a sí mismo y va conociendo las relaciones que mantiene con quienes forman parte de su entorno.

ABRIENDO PERSPECTIVAS

Los avances que se producen en los ámbitos del lenguaje y del pensamiento permiten que el mundo de tu hijo sea mucho más amplio y le resulte más fácil interpretar lo que le rodea y hablar sobre ello.

En edades anteriores, una de las principales características de su modo de entender el mundo y a sí mismos, era el egocentrismo, esto es, la percepción que tienen los niños de que sólo existe un único punto de vista: el suyo.

De manera progresiva va a ir superando ese egocentrismo que le impedía asumir puntos de vista diferentes al suyo. Ahora sus relaciones con los demás son más ricas y variadas, y eso le permite darse cuenta de que lo que él opina o lo que a él le pasa no es lo único.

Durante este tiempo, las opiniones de los demás son importantes, pero no lo son tanto como a partir de los 8 años o en la adolescencia. Poco a poco, tu hijo irá aprendiendo que los demás pueden tener una imagen sobre él mismo, y se empezará a preocupar por ello. Por ahora, eso no le interesa demasiado, pero ya va dando pasos que le permiten imaginar lo que los demás piensan acerca de él, lo cual es importante en el desarrollo de su autoestima.

CAPÍTULO XII

La importancia de la autoestima

Autoestima y *autoconcepto* son dos términos que nos ayudan a entender lo que siente el niño. El autoconcepto se refiere a la percepción que una persona tiene de sí misma. Es nuestra propia descripción. Relacionado con esto, encontramos la autoestima, que hace referencia al valor que concedemos a esa imagen de nosotros mismos, en otras palabras, el cariño que nos tenemos por ser como somos.

La autoestima es uno de los aspectos más importantes en el desarrollo del niño. Un niño que no se quiere a sí mismo, que se ve como alguien que no merece el afecto de los demás o que se siente un ser inútil, difícilmente podrá lograr un nivel de desarrollo adecuado en cualquier faceta de su vida.

Sin confianza en uno mismo, sin la sensación de quererse y de ser querido, nadie es capaz de disfrutar de la vida.

Tu papel como padre o madre es esencial en este proceso de maduración de la autoestima.

La conquista de la independencia

Tu hijo de 6 años te necesita de una forma muy diferente a cómo te necesitaba cuando nació o cuando tenía 3 años. Sus necesidades han ido cambiando y habrás podido apreciar que, afortunadamente, tu hijo se siente cada vez más seguro para iniciar conductas por sí mismo y no depender tanto de tu atención o de tu supervisión. En otras palabras, tu hijo está desarrollando una autonomía que le permite hacer cada vez más cosas por sí mismo.

No tengas miedo a este cambio. Si hemos llegado hasta aquí es porque, entre otras cosas, en los años anteriores tú has sido capaz de proporcionar a tu hijo la seguridad y la confianza que necesita para sentirse independiente.

Tampoco te asustes si tu hijo depende de ti más que otros niños de su edad. Intenta reflexionar sobre lo que está sucediendo:

- Quizá se ha relacionado poco con otras personas y dar ese paso le crea confusión y/o miedo.
- Quizá le estés protegiendo demasiado y le prestas excesiva atención para que no le pase nada.
- Quizá se trata de su propio ritmo que hay que respetar y lo único que necesita es ir adquiriendo, poco a poco, algo más de confianza.

No olvides que...

Tus reacciones ante el comportamiento de tu hijo influyen en él. Si te muestras angustiado porque el niño no se separa de ti ni un solo momento, si le regañas porque cada vez que bajáis al parque se queda a tu lado, si le reprochas su incapacidad de hacer las cosas por sí mismo..., no estás favoreciendo el desarrollo de la seguridad que necesita. Anímale a que se relacione con otras personas, a que realice actividades interesantes con otros, alégrate cuando juega con otros niños... Poco a poco se irá dando cuenta de que abrirse a los demás no significa perder tu afecto.

Durante el periodo que transcurre de los 6 a los 8 años, tu hijo va a ir evolucionando hacia la independencia en aquellas facetas de su vida en las que sienta que puede hacerlo, y también hacia la dependencia (sobre todo hacia los padres) en aquellas otras dimensiones en las que todavía sea necesaria.

Tu hijo te sigue necesitando. Sobre todo necesita de tu cariño y de tu atención. Necesita que le ayudes a solucionar las diferentes situaciones que se le plantean en la vida diaria y también que le hagas ver lo bien que le salen las cosas.

En este sentido, lo que a ti —padre o madre— te corresponde es favorecer su independencia, tratando al niño según su edad, ni por encima ni por debajo de sus capacidades. Exigirle más de lo que puede hacer le creará frustración, pues no le es nada fácil realizar ciertas tareas para las que no está preparado. Si esto ocurre, tu hijo se sentirá mal, sin confianza en sí mismo, y es posible que manifieste miedo y que evite enfrentarse a situaciones difíciles. Por el contrario, exigirle menos de lo que es capaz de hacer le lleva a comportarse de una forma más infantil, y puede caer en la apatía y en la desmotivación.

¡Qué rápido crece!

Muchos padres manifiestan cierto miedo y/o tristeza al ver crecer a sus hijos. La relación que mantenemos con ellos va cambiando y es normal que sintamos predilección por alguno de los momentos evolutivos con los que nos vamos encontrando.

Algunos padres prefieren a sus hijos cuando son bebés, otros disfrutan cuando éstos empiezan a hablar, y otros cuando comparten con el niño una actividad que les gusta a ambos.

Todo esto es completamente normal. Ahora bien, carece de sentido que intentemos obstaculizar el desarrollo de nuestro hijo privándole de la independencia que necesita. Sobreprotegerle para que siempre dependa de nosotros no favorece una mejor relación con él, aparte de ser perjudicial tanto para tu hijo como para ti.

Debemos aceptar el crecimiento como algo lógico en la vida de la persona y seguir contribuyendo para que éste sea el adecuado.

FACTORES DETERMINANTES DE LA AUTOESTIMA

El desarrollo que tu hijo experimenta a nivel de pensamiento va a contribuir a que tenga ganas de hacer muchas cosas y de hacerlas bien. Tu hijo sabe que puede actuar sobre el medio que le rodea, y cada vez surgen a su alrededor más actividades en las que poner a prueba su inteligencia, su memoria, su habilidad con las manos, su fuerza física...

¿Y cómo sabe tu hijo que ha hecho las cosas bien? Pues entre otras cosas porque tú y otras personas significativas se lo hacéis ver así.

La autoestima, el valor que se da a sí mismo, va a depender entonces de:

- **Los comentarios, actitudes y sentimientos que tú le transmitas.** Ya hemos visto (y volveremos sobre ello) el papel fundamental que juegas en la autoestima de tu hijo, en cómo se siente y se relaciona con los demás. Si confías en él, si le haces ver sus progresos, si le apoyas ante las dificultades, si le ayudas a limar defectos..., entonces su autoestima será alta y se sentirá seguro y confiado.

- **Las posibilidades de efectuar con éxito las actividades que realiza.** Tu hijo necesita comprobar por sí mismo que es capaz de hacer ciertas cosas, y para ello precisa acción. En este sentido, no cabe protegerle por miedo a que se haga daño, se caiga o lo haga mal. Aprenderá a realizar muchas actividades si se lo permites. Pero si no hace nada, nunca tendrá la oportunidad de comprobar por sí mismo que lo puede hacer o mejorar.

Muchas veces nos precipitamos al juzgar de antemano la habilidad de nuestros hijos. Suelen ser frecuentes comentarios como los que siguen:

«Eso es muy difícil para ti».

«Tú eres como yo, un inútil para la música».

«Mejor es que ni lo intentes; ya viste lo que te pasó el otro día»...

¿Qué conseguimos con ellos? La principal consecuencia es que limitamos las posibilidades de acción de nuestros hijos. Al decirle que no puede hacerlo, que nunca lo hará bien, que no merece la pena ni siquiera intentarlo, obstaculizamos que pueda desarrollarse en una faceta determinada.

Es cierto que nuestro hijo, como cualquier persona, puede demostrar desde muy pequeño ciertas habilidades en las que destaca. Hay niños que manifiestan aptitudes hacia la música, el deporte o la plástica, y es bueno potenciarlas, pero no por ello se debe coartar el desarrollo de otras que también pueden ser relevantes en su desarrollo.

- **La forma en que interpreta sus éxitos y sus fracasos.** Imagínate que le quitas importancia al esfuerzo que tu hijo está realizando para aprender a escribir, o que le regañas porque no sabe escribir su nombre de forma correcta después de un par de ensayos. Le estás enseñando a hacer una interpretación inadecuada de lo que es capaz de hacer. Ya veremos más adelante como es fundamental enseñar a los niños a atribuir un significado adecuado a lo que les sucede y cómo les podemos enseñar a hacer valoraciones positivas.

- **Los comentarios y actitudes de sus profesores hacia él y lo que hace.** La primera imagen que tu hijo tiene de sí mismo es la que le has proporcionado en el ambiente familiar. Paulatinamente se va ampliando el círculo de relaciones que tu hijo mantiene con otras personas. Con la incorporación al colegio, el profesor empieza a cobrar un papel relevante. Este profesional se convierte en un punto de referencia importante para tu hijo y va a colaborar contigo en el fortalecimiento de su autoestima. La visión que de él tiene el profesor puede ayudarle a reforzar la que ya había adquirido e irla transformando.

- **Las relaciones que mantiene con otras personas significativas.** Poco a poco, los

El efecto Pigmalión

Son clásicos los estudios que demuestran la importancia que las expectativas del profesor (podríamos extenderlo a los padres) tienen sobre el rendimiento y la autoestima de sus alumnos.

Si el profesor confía en el alumno y le demuestra su apoyo es más probable que el niño logre un buen rendimiento y se vea a sí mismo como alguien valioso.

Por el contrario, si el profesor no confía en su alumno, piensa de él que no sirve para el estudio, lo más probable es que le brinde menos oportunidades de éxito, lo cual repercutirá en su rendimiento y en la percepción que tiene de sí mismo.

Plantearse expectativas positivas, es decir, confiar en las capacidades del alumno/hijo, permite que sea más fácil que éste se desarrolle en todas sus dimensiones.

compañeros van a ocupar un lugar privilegiado en la vida de tu hijo. Al principio su influencia es mínima, pero progresivamente, a medida que tu hijo empiece a compararse con los demás (en torno a los 8 años), será mayor. Entonces empezará a valorarse no sólo por lo que él puede hacer, sino comprobando si lo hace mejor o peor que los otros.

Los abuelos, cuidadores, familiares, amigos de los padres... también constituyen puntos de referencia importantes para tu hijo y pueden contribuir a un desarrollo adecuado de su autoestima.

EL AUTOCONCEPTO ACADÉMICO

El autoconcepto (la percepción que tenemos de nuestra valía) es un concepto global que hace referencia a diferentes dimensiones. Así, podemos hablar de un autoconcepto físico relacionado con la manera en como percibimos nuestro cuerpo, o de un autoconcepto comportamental, referido a cómo percibimos que nos comportamos.

En este periodo de desarrollo del niño en que la escuela cobra una especial relevancia, cabe hablar del autoconcepto académico. Éste hace referencia a la percepción que el niño tiene de su valía como estudiante.

En los niños de 6 años este autoconcepto apenas repercute en su autoestima, pero a medida que avanza en su formación y cobran más importancia los procesos de comparación con sus compañeros, percibirse como un buen o un mal estudiante va a ser fundamental.

Si tu hijo aprende a considerarse un buen estudiante, lo más probable es que lo siga siendo, porque se sentirá confiado y se esforzará por mantener esa imagen que ha ido formando de sí mismo. Si siente que le apoyas, que se esfuerza y consigue buenos resultados, que puede manejar bien el lápiz y que cada vez escribe mejor..., entonces podrá seguir implicándose en las diferentes actividades que se le plantean.

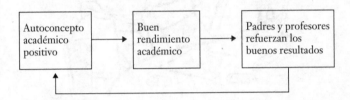

Por el contrario, si tu hijo aprende a considerarse un mal estudiante porque hay cosas que le salen mal y no recibe el apoyo suficiente para mejorarlas, entonces lo más probable es que vayan aumentando su desmotivación y el interés por las actividades escolares.

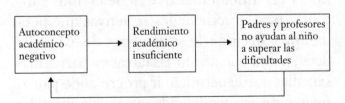

En la mayoría de los casos, los niños que se consideran malos estudiantes tienden a no reconocer sus dificultades. No pueden admi-

tir que les cuesta leer y te dicen: «Yo no leo eso, que ya me lo sé». A veces pensamos que no quieren esforzarse, que son unos vagos, pero lo cierto es que sólo intentan evitar un nuevo fracaso.

En estas situaciones, es importante reconocer las dificultades que tiene el niño e intentar buscar actividades atractivas que puedan proporcionarle situaciones de éxito. Es decir, habrá que dividir las tareas en partes más sencillas que le permitan ir progresando paulatinamente e ir percibiendo que puede aprender y conseguir pequeñas metas con su esfuerzo. El papel de los padres y de los profesores va a ser determinante.

Es absurdo catalogar a un niño como un mal estudiante, colgarle una etiqueta que puede *inmovilizarle* durante mucho tiempo. Nuestro objetivo es procurar que aumente su motivación y hacerle ver que, con su esfuerzo, puede. Y a estas edades es mucho más fácil que dentro de unos años.

No olvides que...

El autoconcepto académico es la percepción que tu hijo tiene de su valía como estudiante. Se forma a partir de las experiencias y de los comentarios y apoyos que recibe de las personas de su entorno.

El autoconcepto académico influye sobre el rendimiento y viceversa; esto es, un alumno que confía en sus aptitudes se esforzará por conseguir buenos resultados y esos buenos resultados contribuirán a fortalecer la imagen de buen estudiante que va construyendo.

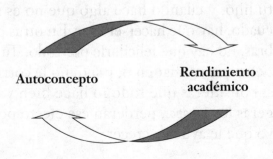

Autoconcepto   Rendimiento académico

Cómo favorecer la autoestima de tu hijo

- Empieza por aceptar a tu hijo tal y como es. Tiene unas cualidades y unos defectos, como todo ser humano. Y sobre todo tiene ante sí un montón de posibilidades que tú puedes ayudar a potenciar.
- La aceptación implica que no hay comparaciones. Toda comparación es odiosa, entonces, ¿para qué utilizarla? Tu hijo es un ser único e irrepetible y posiblemente habrá niños que vayan mejor en lectura o cálculo, pero eso no les convierte en seres más valiosos. A tu hijo no le beneficia en absoluto que continuamente le compares con los demás; posiblemente su autoestima no mejore. Es cierto que se nos pueden escapar sin ninguna mala intención, pero utilizarla con demasiada frecuencia no conduce a nada.
- Haz cumplidos realistas. Estás educando a tu hijo, y cuando hace algo que no es adecuado, hay que hacérselo ver. En otras palabras, no hay que felicitarle por todo. Tu hijo tiene que confiar en ti, y si tú no le corriges, si consideras que todo lo hace bien y exageras los *piropos*, perderán ese efecto positivo que le ayuda a crecer.

- Sé cariñoso. Desde el verdadero cariño se dicen bien todas las cosas.
- Demuestra a tu hijo que tienes interés por lo que es y por lo que hace. Eso le permitirá aprender a valorar su vida. Tu hijo necesita saber que es alguien valioso y tú eres quien mejor puede proporcionarle este sentimiento.
- Exígele hasta donde pueda llegar, respetando su ritmo y sin pedirle más de lo que es capaz de hacer. Tampoco caigas en el extremo contrario: protegerle demasiado no le ayudará a descubrir sus potencialidades.

CAPÍTULO XIII

El desarrollo del autocontrol

El control de la propia conducta se adquiere de una forma progresiva y se ve influido por las pautas educativas que el niño recibe.

El niño menor de 6 años era mucho más impulsivo y se dejaba llevar sin más por sus emociones porque realmente no tenía control sobre ellas. A partir de los 6 años, sus avances en los ámbitos del pensamiento y del lenguaje van a permitir a tu hijo iniciar procesos más complejos para controlarse a sí mismo.

El proceso básico de control del comportamiento y de las emociones pasa por la necesidad de que haya un control externo —donde los padres juegan un papel esencial—, hasta ese momento en el que el niño es capaz de lograr el autocontrol.

Los niños pequeños aprenden que hay conductas válidas porque sus padres se muestran contentos, y otras conductas que no son tan adecuadas porque sus padres se enfadan o le regañan.

El refuerzo y el castigo (de los que hablaremos más adelante) son estrategias de control externo que permiten al niño ir descubriendo lo que puede hacer y lo que no, lo que es adecuado y lo que no lo es. A medida que crezca, dependerá menos de los castigos o premios y él mismo será capaz de motivarse para comportarse de una determinada manera.

FACTORES QUE INFLUYEN EN EL DESARROLLO DEL AUTOCONTROL

Tu hijo va a aprender a controlar su comportamiento y sus emociones fundamentalmente a partir de los modelos que observa a su alrededor. Ahora tiene capacidad para aprender también por lo que les sucede a otras personas. Si comprueba que la profesora regaña a un niño por no haber hecho bien la tarea, él concluirá que le podría pasar lo mismo.

Este proceso de *modelado* (aprender por modelos) viene determinado por diversos factores:
• **La relación que mantenemos con el niño.** ¿Por qué tu hijo imita a unos niños y no

a otros?, ¿por qué hace más caso a un adulto que a otro? Los niños, como todas las personas, aprenden de los demás siempre y cuando exista cierta afinidad con esa persona. El cariño que te tiene es suficiente para que tú seas una figura de autoridad y de respeto para él. En cambio, seguro que le tomará el pelo a otro adulto que acaba de conocer y que pretende imponerse. Para que podamos tener cierta influencia sobre nuestros hijos es imprescindible una relación. Más adelante hablaremos de la importancia del estilo educativo de los padres, para descubrir cuál es la actitud más adecuada.

• **La coherencia entre lo que se dice y lo que se hace.** De nada sirve que le *amenacemos* con castigos que nunca cumplimos o con promesas que nunca se hacen realidad. Los niños aprenden a respetar a las personas en quienes pueden confiar. Difícilmente podremos ayudarle a que controle su conducta si nosotros actuamos de una forma incoherente y respondemos de diferente forma ante el mismo comportamiento. Imagínate que un día felicitas a tu hijo por guardar su ropa en el armario, pero al día siguiente te enfadas porque la ha guardado cuando tú pensabas ponerla en otro sitio. La incongruencia crea mucha confusión y no da pistas sobre lo que se espera de nosotros.

- **Las experiencias anteriores de éxito o fracaso.** Si tu hijo ha conseguido captar tu atención al tirar los juguetes al suelo, considerará que ha triunfado y lo más probable es que la repita la próxima vez que desee que le hagas caso. Por eso es tan importante descubrir qué es lo que persigue nuestro hijo cuando se comporta de una u otra manera, con el fin de descubrir cuál es la mejor respuesta que podemos darle.

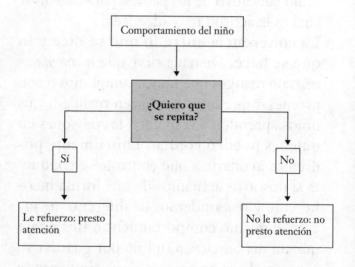

- **Los sentimientos positivos y negativos.** Las emociones también influyen en cómo nos comportamos. El control de las emociones (no la supresión o represión) permite conseguir un mayor dominio sobre nuestra conducta. Tu hijo tiene que aprender que se puede estar enfadado y no por ello tirar las cosas, o sentirse frustrado porque no le salen las cuentas y no por ello romper el cuaderno... De ahí la importancia de que le enseñes a interpretar lo que siente y cómo comportarse ante cada sensación.

¿Es bueno retirar la atención?

Muchos autores opinan que el niño aprende a controlar su conducta para evitar que los adultos le retiren el afecto. Y esto en parte es cierto; de hecho, una de las tácticas que los adultos utilizamos para regular la conducta de nuestros hijos es la negación del afecto.

Esta forma de disciplina* engloba muchas actitudes. La más radical es decir al niño que

---

* Entendemos *disciplina* como un término amplio que ni mucho menos se refiere a la disciplina autoritaria y negativa que se utilizaba en generaciones anteriores. La disciplina engloba todas aquellas estrategias que utilizamos como educadores para ayudar a nuestros educandos a que inicien y mantengan conductas adecuadas. Por supuesto, dentro de la disciplina se incluye el diálogo, razonar con los niños sobre su comportamiento, buscar formas de mejorarlo, etc.

no le queremos cada vez que se porta mal o que hace algo que no nos agrada. ¿Cómo te sentirías tú si una frase como ésta te la repitiera continuamente una persona importante para ti? Desde luego no es algo que anime demasiado. Y lo peor de todo es que difícilmente conseguimos que con expresiones como ésta nuestro hijo mejore su comportamiento. Fíjate en lo que puede ocurrir.

Juan se porta mal. Su padre le dice que no le quiere. Juan empieza a llorar. Su padre le dice que deje de llorar como un bebé o ya no le querrá nunca más. Juan sigue llorando. Su padre considera que es un niño insoportable.

Sí, ya sabemos que puede resultar exagerado, pero piénsalo por un momento. Hay muchas situaciones de estrés en las que te tienes que enfrentar con el comportamiento de tu hijo que en ese momento es difícil de controlar. ¿Qué puedes hacer?:

• **Sobre todo, intentar mantener la calma.** Si queremos que nuestro hijo se tranquilice, no tiene sentido que nosotros nos dejemos llevar por los nervios. Es normal que el niño llore cuando le regañas o te muestras enfadado; te está diciendo que le duele lo que le dices, que se siente mal. *Obligarle* a que deje de llorar no es la mejor manera de calmarle. Quizá, en este caso, lo más acertado es permitirle que llore y así se le pasará antes.

• **Establece con claridad las consecuencias de su acción.** Aprovecha un momento en que estéis tranquilos para hacerle ver que hay formas de comportamiento más adecuadas y que cuando él actúe así, tú mantendrás la calma y no le harás caso hasta que se le pase. Explícale que cuando se porte de este modo, después no podrá hacer o tener algo que le guste (ver una película o salir al parque, por ejemplo).

No olvides que...
De igual manera que el niño va interiorizando las normas y cumple ciertas reglas sin necesidad de que el adulto esté delante, también va adquiriendo paulatinamente la capacidad de autocontrol. Al principio el niño deja de hacer ciertas cosas para evitar el castigo, y más tarde para agradar a los otros y evitar así su crítica.

En la medida en que el niño aprenda a controlar sus conductas mayor será el refuerzo que reciba de sus padres, lo que afectará a la formación de un autoconcepto positivo. Esta idea podría quedar representada en el siguiente diagrama:

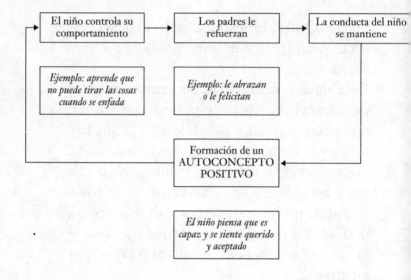

EL CONTROL DE LA AGRESIVIDAD

Aunque considerásemos la agresión como algo innato al ser humano, no debemos olvidar la influencia del entorno en la adquisición de ciertas pautas agresivas.

Los niños, poco a poco, van aprendiendo a controlar los impulsos agresivos. Si tu hijo de 3 años tiraba de los pelos al primer niño que le quitaba la pala en el parque, ahora, con 6, es capaz de utilizar otras estrategias menos agresivas para resolver sus conflictos.

Su capacidad para reflexionar sobre las cosas y ponerse en el punto de vista de los demás le va a permitir, por ejemplo, no ser agresivo cuando alguien le molesta sin querer. Sabe darse cuenta de las intenciones de los demás y las interpreta de forma adecuada.

En cualquier caso, pueden surgir situaciones en las que tu hijo siga respondiendo con agresividad y es importante ayudarle a controlar esta emoción, enseñándole formas alternativas de resolver sus problemas. Para ello, puedes tener en cuenta las siguientes pautas:

- **Utilizar el «yo» en vez del «tú».** Resulta más eficaz pedir a un niño que deje de hacer algo molesto si utilizamos la frase «Estoy cansado» en vez de «Eres insoportable». En cualquier situación, menospreciar al otro sólo es un obstáculo a la hora de conseguir algún cambio.
- **No es recomendable que el niño practique conductas agresivas porque eso au-**

menta la agresión. Desde luego no podemos dejar que un niño que pega se salga con la suya; es preciso dejar claro que son conductas inadecuadas y que tienen una consecuencia negativa (se le priva de hacer algo que resulta agradable para él, por ejemplo).

- **Nunca se debe castigar la agresión con castigo físico.** En ningún caso se justifica el castigo físico, pero si lo que queremos es enseñar a nuestro hijo que de nada sirve pegar o agredir al otro, no tiene sentido que nosotros utilicemos la bofetada para demostrárselo.

- **Se debe permitir la expresión de los sentimientos agresivos,** porque ayuda a que disminuya la tensión y facilita al niño el control de sus propios pensamientos. Los sentimientos de ira y de frustración están ahí, y tu hijo debe aprender a darles salida de una forma no violenta. Permítele que te cuente cómo se siente, ayudándole a poner nombre a lo que le ha molestado y buscando juntos actividades que le permitan desahogarse (correr, saltar, dar una vuelta...).

- **Enseñar al niño habilidades que le permitan hacer frente a situaciones conflictivas sin necesidad de recurrir a la agresión.** Por ejemplo, se le puede enseñar a no dar importancia a los insultos.

El niño hiperactivo

La hiperactividad es una de las alteraciones conductuales más relevantes durante la infancia.

El niño hiperactivo no para un momento quieto, es incapaz de permanecer sentado o de escuchar, e incluso cuando duerme no deja de moverse. Este niño suele tener problemas en la escuela por su falta de concentración y normalmente no es aceptado entre sus compañeros pues es incapaz de relacionarse con ellos correctamente.

Debido a su comportamiento, el niño hiperactivo recibe poco apoyo y refuerzo social por parte de padres, educadores y compañeros. Por lo tanto, una primera medida que se debe tener en cuenta en el trato con estos niños es la de facilitarle pequeñas actividades en las que puedan demostrarse a sí mismos que ellos también pueden tener éxito. Con el reloj en la mano podemos pedirle que durante dos minutos permanezca sentado y recompensarle por ello, proponerle operaciones matemáticas sencillas para que centre su atención durante algunos minutos y alabarle cuando las termine, entregarle un texto para que juegue a tachar algunas letras... Se trata de ofrecerle pequeñas tareas en las que durante un tiempo breve pueda mantener su atención, y reforzarle después por el éxito conseguido.

En la mayoría de los casos es imprescindible un tratamiento que incluya a varios profesionales (psicólogo, médico...).

CAPÍTULO XIV

Las relaciones con los demás

A partir de los 6 años nos adentramos en un momento de importantes cambios en lo que se refiere a las relaciones del niño con los demás.

Por un lado, estamos ante un desplazamiento progresivo de la afectividad. Hasta ahora, ésta se volcaba exclusivamente sobre el ámbito familiar. Poco a poco, el afecto se va a ir extendiendo hacia zonas de comunicación más amplias y externas al hogar.

Tu hijo empezará a participar en actividades de grupo, a relacionarse con otros individuos, a dar importancia a otras personas... Y todo ello forma parte de su desarrollo normal gracias a la relación afectuosa que ha mantenido —y mantiene— contigo.

LA RELACIÓN CON LOS PADRES

La relación con tu hijo ha cambiado, y las nuevas conquistas que ha logrado desde el punto de vista intelectual —pensamiento y lenguaje— te van a permitir, por un lado, conocerle mejor y, por otro, darte a conocer. Además, tu hijo se encuentra especialmente receptivo para aprender de ti. Merece la pena aprovechar el momento.

Para conseguirlo, lo primero que hay que hacer es adaptarse a este nuevo tipo de relación. Tu hijo se siente autónomo e independiente y este nuevo comportamiento puede ser percibido como una falta de afecto.

Pero lo cierto es que tu hijo está empezando a ver en ti a una persona a la que amar y querer de verdad, independientemente de lo que hagas por él.

Muchos padres se empeñan en retener a ese niño en la infancia y le reprochan: «Ya no eres mi hombrecito», «Ya no me necesitas» o «Has dejado de quererme». Pero el niño nos sigue queriendo, y nuestra tarea como padres no ha terminado, aunque él ya sea capaz de vestirse y lavarse solo.

Conviene además respetar las nuevas relaciones que surgen con sus amigos. No debemos olvidar el importante papel que juega el grupo como elemento socializante, y, por lo tanto, debemos facilitar estas relaciones invitando a casa a sus compañeros preferidos, animándole a practicar deportes de equipo...

Las relaciones con otros niños

Durante los primeros años de escolaridad, tu hijo va a desarrollar habilidades sociales más sofisticadas gracias al contacto que mantiene con otros niños de su edad. Fundamentalmente, sus compañeros se van a convertir en un referente esencial con los que tu hijo se va a identificar u oponer. Más adelante, este grupo le servirá para conocerse mejor a sí mismo y formar su identidad.

Para los niños más pequeños, de 3 a 5 años, el concepto de amistad apenas existe. Los niños consideran amigos a sus compañeros de juegos, y cambian de amigos cada vez que se sientan con un grupo diferente a jugar.

A partir de los 6 años, el concepto de amistad cambia y se empieza a ver como amigo a aquella persona que nos complace, que hace cosas que nos gustan. En un primer momento, tu hijo entiende esta relación como algo unidireccional, es decir, no tiene conciencia de que la amistad también supone hacer algo para agradar al otro. Las conversaciones que mantiene con su «amigo» son au-torreferidas, es decir, tu hijo va a hablar de sí mismo y va a mostrar poco o ningún interés hacia lo que el otro quiera contarle. Poco a poco irá superando esta fase y dándose cuenta de que su amigo también tiene necesidad de ser escuchado y de sentirse a gusto en la relación.

Por otro lado, las posibilidades de que tu hijo elija a sus amigos son nulas. Se va a relacionar por proximidad, es decir, con aquellos niños con los que mantiene algún tipo de contacto, bien por el colegio, bien por vecindad, por parentesco...

A estas edades, el grupo de amigos no está constituido como tal. Es cierto que tu hijo se va a relacionar con otros niños para realizar diferentes actividades como deportes, juegos, excursiones..., pero esta unión resulta bastante frágil y cualquier incidente puede romper su estructura.

En ocasiones, es fácil encontrar grupos de niños y de niñas, aunque poco a poco van a empezar a separarse en función de la actividad que realizan.

A partir de los 7-8 años, las relaciones con los demás empiezan a cambiar. También cambia la estructura de los juegos, cada vez más complejos y elaborados, y en los que se requiere una mayor colaboración de los participantes. Es frecuente que el niño se enfade mientras juega, pero su deseo de pertenecer al grupo le ayudará a controlar estas emociones.

Al mismo tiempo, el niño se convierte en modelo capaz de controlar la conducta de los demás, es capaz de diferenciar sus propios sentimientos y acciones de los de los otros. A partir de este momento y en la medida que se dé el respeto mutuo, surgen amistades auténticas, basadas en las elecciones y preferencias del niño.

La importancia de los compañeros

Piensa en cómo te sientes en tu ambiente de trabajo cuando te llevas bien con tus compañeros y qué sucede cuando surge algún conflicto entre vosotros. No cabe duda de que las relaciones con personas con las que tenemos que pasar gran parte de nuestra vida influyen, tanto positiva como negativamente, en cómo nos sentimos, pensamos y actuamos.

Lo mismo va a ocurrirle a tu hijo con las relaciones que entable con sus compañeros de colegio. Con ellos va a crecer, a construirse a sí mismo. Gracias a ellos puede adaptarse mejor o peor al ambiente escolar, sentirse querido y aceptado, desarrollar su autoestima...

Relacionarse con sus compañeros le permitirá, además, adquirir las habilidades sociales que le van a hacer falta en la construcción de su personalidad. Con ellos aprende a negociar, a colaborar, a trabajar en equipo, a resolver conflictos...

Estar con otros niños le va a servir, además, para darse cuenta de que existen puntos de vista diferentes al suyo, lo cual significa que su pensamiento se hará más flexible y respetuoso, y que afianzará emociones como la empatía.

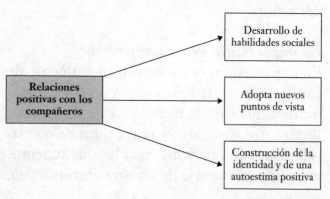

¿Qué hacer ante la 'timidez' de nuestros hijos?

- Empieza por no agobiarte. Cada niño lleva su propio ritmo a la hora de relacionarse con los demás, y seguramente si presionamos para que haga amigos, le cueste más.
- Favorece los encuentros con otros niños. En el colegio ya se relaciona con sus compañeros, pero posiblemente podáis ir al parque con cierta frecuencia o reuniros con otras familias que tengan niños. Lo que puede estar necesitando tu hijo es un ambiente en el que se sienta seguro, para poder iniciar sus relaciones.
- Evita compararle con la *popularidad* de otros. Es cierto que hay niños que parecen tener miles de amigos, pero eso no es ni mejor ni peor.
- Recuerda las características de las amistades de los niños a esta edad. Ya sabes que cambian de amigos con mucha frecuencia y que para ellos el concepto de amistad no es demasiado estable. No fuerces entonces a tu hijo a que mantenga sus amigos; ahora bien, si con algún niño se siente a gusto, favorece el que se puedan encontrar con frecuencia.
- Transmítele seguridad para que aumente la confianza en sí mismo. En la medida en que tu hijo se sienta seguro, le será más fácil acercarse a los demás.

Todo esto es posible siempre y cuando tu hijo se sienta aceptado y querido por sus compañeros. Cuando no es así, nos encontramos ante un problema en el que hay que intervenir.

Lo más normal a estas edades es que no surjan problemas de convivencia en el aula, pero padres y profesores deben estar atentos para evitar que algún niño se sienta rechazado o aislado.

Si a un adulto le cuesta aceptar una mala relación con un compañero de trabajo, para un niño es mucho más difícil. Problemas de aprendizaje, de ansiedad e incluso de baja autoestima pueden derivarse de dificultades en las relaciones que un niño mantiene con sus compañeros.

LAS RELACIONES CON OTRAS PERSONAS SIGNIFICATIVAS

Ya hemos visto la importancia que las expectativas del profesor tienen sobre la motivación de los niños. Para tu hijo, su profesor constituye un referente básico, y es fundamental que trabajes con él de una manera conjunta para proporcionar a tu hijo todo lo que necesita en su desarrollo.

Pero del entorno de tu hijo forman parte también los abuelos, los demás familiares, los vecinos, tus amigos... A ellos le unen lazos afectivos significativos que le proporcionarán diferentes puntos de vista y contribuirán al desarrollo de su personalidad.

La influencia de los medios de comunicación

Pero no sólo la familia y la escuela contribuyen a la formación de la personalidad de nuestro hijo. Alrededor de él existen otras muchas cosas que le van a aportar información y modos diferentes de entender las cosas.

En este sentido, juegan un papel esencial los medios de comunicación, sobre todo la televisión —por su accesibilidad y uso—. A través de ella, tu hijo entra en contacto con los valores y contravalores de la sociedad, y es importante que sepamos cómo utilizarla para que realmente contribuya a su desarrollo.

A través de las imágenes que ve, el niño puede aprender conductas positivas y conductas negativas. A los 6 años es especialmente vulnerable a lo que está viendo y necesita que estés cerca de él para interpretar lo que le muestra la pequeña pantalla.

Por ejemplo, la exposición continua a la violencia (como a otros contravalores) genera un comportamiento de *habituación*, es decir, tu hijo puede llegar a ver la violencia (o los gritos y las discusiones) como algo normal, e incluso llegar a justificarla.

CAPÍTULO XV

El desarrollo moral

Hasta los 7 u 8 años el niño subordina la justicia a la autoridad adulta. Tu hijo va a entender que es justo aquello que los adultos consideramos adecuado, y que es injusto lo que nosotros valoramos como inadecuado.

Estamos en un momento que podríamos definir como el de «moral de obediencia»: las cosas están bien cuando se cumple con las normas. Más adelante, tu hijo será capaz de reflexionar sobre éstas, pudiendo no estar de acuerdo con los adultos.

Tu hijo adquiere un sentido moral a partir del intercambio que realiza con otras personas. Aprende que para relacionarse debe respetar a los demás y cooperar con ellos.

La mejor manifestación de que tu hijo comprende estas normas básicas la podemos observar en los juegos de reglas característicos de estas edades. Lo más importante en este juego es ser honrado. Los niños conocen que hay unas normas e intentan seguirlas a toda costa. Ahora bien, a veces hacen trampas, pero son conscientes de que se están saltando una norma (aunque les cueste reconocerlo) y eso les genera sentimientos negativos, como la culpa.

LA JUSTICIA

Poco a poco va teniendo más claro el sentido de justicia. Lo basa principalmente en la igualdad: es justo aquello que nos trata a todos de la misma manera. Por eso puede enfadarse contigo cuando a su hermano pequeño le permites que se deje algo de comida en el plato o al hermano mayor le das más paga que a él. Piensa que es injusto.

Por otro lado, se va dando cuenta de que la intención es importante. Hace un par de años pensaba que un niño que había roto cinco tazas sin querer se había portado peor que ese otro que había roto dos de forma intencionada. Ahora sabe que las cosas son diferentes si se hacen de forma intencionada o no, y que es injusto el castigo cuando se hacen las cosas sin querer.

A partir de los 7 años, el niño distingue entre lo que está bien y lo que está mal no porque lo digan sus padres, sino porque ha reflexionado sobre ello; comprende perfectamente conceptos como la verdad y la mentira, la justicia y la injusticia, de un modo realista aplicable a su vida cotidiana.

UN NIÑO OBEDIENTE

A los 6 años, tu hijo empieza a ajustar su comportamiento a determinadas normas. Quiere ser un «chico bueno» e intenta cumplir con las normas de una forma dócil y sumisa, ya que confía en la autoridad.

Es un buen momento para seguir insistiendo en los hábitos básicos. Tu hijo apreciará que le felicites por su conducta y se sentirá a gusto cumpliendo con ese papel que se le asigna de niño obediente.

185

Durante esta etapa, el niño va a ir conociendo las reglas sociales y va a procurar adaptarse a ellas, porque busca el reconocimiento y la aprobación de los demás, sobre todo de los adultos significativos para él.

Sus nuevas habilidades desde el punto de vista del pensamiento le permiten darse cuenta de que es importante lo que los demás opinan de él. Todavía no tiene capacidad suficiente para saber si su conducta es conveniente o no, pero se rige por las respuestas de los adultos. Las normas que se le imponen desde el exterior le sirven para regular su conducta. Poco a poco, esas normas, que son externas, las va a ir interiorizando, es decir, irá descubriendo que las cosas no son buenas o malas porque lo diga un adulto, sino porque él mismo lo considera así.

También le va a gustar imitar a los adultos con los que mantiene algún vínculo afectivo o a los que desea parecerse, sobre todo porque sabe que así está más cerca de comportarse de forma adecuada y recibe su reconocimiento.

No olvides que...

Lo «bueno» para el niño de esta edad es lo que está mandado, y lo «malo» es lo prohibido. La posibilidad de lograr el autocontrol viene determinada por la capacidad que tiene tu hijo para reflexionar sobre las diferentes situaciones, así como por las normas que le dictas.

¡Quiero otra mamá!

La capacidad de reconocer que existen otros puntos de vista le permite a tu hijo darse cuenta de que los demás también tienen emociones.

A veces, cuando está enfadado, dirá cosas como «¡Quiero otra mamá!» o «Ya no te quiero». Y dependiendo de cómo sea nuestro estado de ánimo o nuestra capacidad de autocontrol, estas expresiones pueden hacernos más o menos daño.

Está claro que hay que aprender a darles su justa importancia, haciendo ver al niño que entendemos que está enfadado y que opine lo que opine, nosotros sí le queremos. Si tu hijo observa que es algo que te molesta, lo seguirá utilizando, sobre todo si con estas manifestaciones consigue lo que desea.

No entres en su juego y demuéstrale que existe una forma más constructiva de expresar sus emociones.

La mentira: un arma de defensa

El niño pequeño no miente de forma voluntaria, ya que para él la frontera entre lo que son simples sueños, sus deseos y la realidad es tan imprecisa y tan borrosa que no se debe conceder demasiado valor a su testimonio. El niño dice lo que él cree que ve, pero no lo que ve realmente.

A partir de los 6 años es capaz de discernir entre lo que es real y lo que es producto de su imaginación. Como adultos, le enseñamos que mentir no está bien, y el niño empieza a comprender que la mentira no le conduce a nada.

Ahora bien, la mentira está ahí. Cuando un niño miente, lo normal es que lo haga en un intento de evitar un castigo; en otras palabras, lo hace para protegerse.

Si tu hijo miente con demasiada frecuencia, cabe preguntarse por qué lo hace. En una primera reflexión, es importante pararse a pensar el lugar que la mentira ocupa en la educación que le estamos proporcionando.

Y es que los adultos también mentimos, y solemos hacerlo con naturalidad. Las mentiras familiares que repercuten en los hijos son de muy diversa índole. Le sirven al niño de ejemplo vivo y lo imitará desde que aprende a distinguir lo verdadero de lo falso. Por ejemplo, el niño se verá obligado a mentir cuando su padre le dice cosas como: «Si llaman por teléfono, dices que no estoy en casa» o «Para pagar menos en el cine, di que tienes 5 años». Mentimos también delante de otros adultos para evitar mostrarnos como somos o no quedar mal. Si la mentira es algo frecuente en tu casa, tu hijo aprenderá a mentir.

En una segunda reflexión, es importante descubrir por qué tu hijo intenta protegerse. Quizá tiene miedo a tus enfados o a los castigos, quizá se siente inseguro o no sabe cómo manejar las diferentes situaciones. En este sentido, es esencial revisar las normas que establecemos para ajustarlas a lo que el niño es capaz de hacer, para no crear un nivel de exigencia por encima de sus posibilidades.

No olvides que...
Podemos distinguir entre varios tipos de mentiras. Están las pequeñas mentirijillas, pasajeras, sin apenas relevancia, incluso graciosas...

Valora cuál debe ser tu actitud ante ellas, pero dándoles la importancia que merecen, ya que aunque nunca sean justificables, lo más probable es que no lleguen a crear hábito. Paralelamente, habrá que inculcar el valor de la verdad y de la autenticidad.

Capítulo XVI

La formación de los valores

Los valores indican que hay cosas deseables: conductas que son apreciadas socialmente, comportamientos que nos ayudan a ser más nosotros mismos.

A medida que tu hijo va creciendo, asimila una serie de valores que le permiten construir su identidad y dar coherencia a su estilo de vida.

Nuevamente, tu papel es esencial en este proceso y desde el mismo momento en que nace, le irás dando pistas sobre aquellos valores que consideras relevantes. En un primer momento, esos valores vienen determinados por las rutinas de la vida diaria. Lo que hace cada día le permite al niño ir dando coherencia a lo que es y a las conductas que se esperan de él. Según va creciendo, va asimilando las normas y reglas de comportamiento para, finalmente, llegar a interiorizar una serie de valores que no necesitan de un control externo, sino que forman parte de lo que él considera deseable y lo que no.

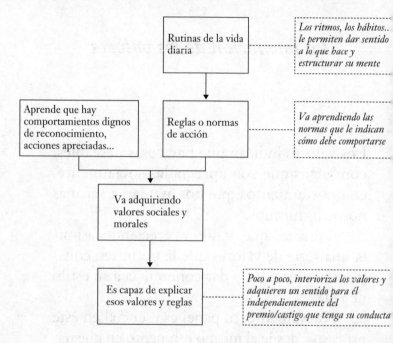

Rutinas de la vida diaria

Los ritmos, los hábitos.. le permiten dar sentido a lo que hace y estructurar su mente

Aprende que hay comportamientos dignos de reconocimiento, acciones apreciadas...

Reglas o normas de acción

Va aprendiendo las normas que le indican cómo debe comportarse

Va adquiriendo valores sociales y morales

Es capaz de explicar esos valores y reglas

Poco a poco, interioriza los valores y adquieren un sentido para él independientemente del premio/castigo que tenga su conducta

ENTENDIENDO EL PROCESO

En un primer momento, tu hijo asimilará los valores que sean importantes para ti y para otras personas significativas de su entorno.

Lo que tú haces, piensas, dices y sientes es determinante en los valores que él va asumiendo. Cuando llegue a la adolescencia, esos valores formarán parte de su personalidad, aunque los critique y se rebele contra ellos (ése es el papel que tiene que cumplir cuando se es adolescente). En el proceso de construcción de su identidad, esos principios que habrá ido asumiendo desde pequeño le permitirán sentirse más seguro, aunque los modifique o elija otros.

La importancia de los valores humanos dependerá de la sociedad y de la cultura en las que se aplican. Sin embargo, consideramos que hay una serie de valores esenciales en la base de la formación humana.  El respeto, la tolerancia, la solidaridad, el diálogo... son fundamentales para una convivencia pacífica y deben estar presentes en la educación de nuestros hijos desde que éstos son bien pequeños.

Otros valores como la alegría, el optimismo, la amistad... les permitirán disfrutar intensamente de lo que son y de lo que les rodea.

El respeto hacia la naturaleza, el cuidado de las cosas, el orden... también son importantes para que se sientan responsables de sus vidas y empiecen a entender que forman parte de algo más amplio que es el mundo.

Criterios básicos para transmitir valores

- **Los valores no se imponen, se viven.** La mejor manera de transmitir valores es partir de la vida misma, no de la teoría. Sólo serás eficaz si comunicas aquellos valores que para ti son importantes.
- **Fundamental, partir del ejemplo.** El aprendizaje por observación, es decir, el que se deriva del ejemplo, es la mejor (y única) manera de transmitir valores.
- **Sobre todo, paciencia.** Tu hijo se está iniciando en el proceso de entender lo que es deseable y lo que no lo es. Necesita pensar sobre ello, ver su utilidad práctica y a qué le conduce. No asumirá de la noche a la mañana la importancia del respeto o la necesidad de compartir con otros. Así que dale tiempo.
- **Es esencial partir de lo que el niño conoce o sabe hacer.** A partir de los 6 años tu hijo está dotado de una gran capacidad para comprender lo que le explicas, pero todavía no es un adulto. Deberás adaptarte a su nivel para que vaya asimilando la importancia de los valores.

Partimos de la idea de que todos los valores se pueden y se deben transmitir desde los primeros años de vida del niño. Pero aquí nos centraremos en aquellos que consideramos más relevantes para los niños entre 6 y 8 años.

Optimismo

Ser optimista significa ver el lado positivo de las cosas. Incluso de las situaciones más adversas es posible aprender.

El optimismo es un valor que ayudará a tu hijo a sentirse más seguro de sí mismo y a enfrentarse a las dificultades con más confianza.

Vamos a ver cómo, a través de lo que decimos a nuestros hijos, les podemos estar transmitiendo una imagen positiva o negativa de sí mismos y, por lo tanto, una forma determinada de ver el mundo.

Situación	Actitud pesimista	Actitud optimista
Tu hijo se ha vuelto a hacer pis encima. Tú estás alterado porque las cosas no te están saliendo demasiado bien en el trabajo.	«¡Ya está bien! Todo me sale mal. Ni siquiera soy capaz de enseñar a mi hijo a no mojarse. ¡A ver si aprendes de una vez!».	«Estás aprendiendo. Es normal que de vez en cuando se te escape algo de pis. La próxima vez lo harás mejor».
Tu hijo te hace un regalo muy bonito que ha realizado en el colegio.	«¡Qué bonito! Ha quedado muy bien, ¡cómo se nota que no lo has hecho tú! ¿A que te han ayudado?».	«¡Qué bonito! Ha quedado precioso. Se nota que te has esforzado. Muchas gracias».
Tu hijo lleva cuatro días portándose bien en el colegio, después de una temporada muy mala.	«Hombre, cuatro días ya son muchos. Seguro que mañana ya vuelves a portarte mal, como siempre».	«Estoy muy contento. Llevas unos días portándote bien y eso significa que puedes hacerlo».
Tu hijo ha tropezado y, sin querer, rompe un jarrón.	«Pero, ¡qué patoso! ¿Es que nunca vas a aprender a andar con cuidado?».	«Tranquilo, te has caído sin querer. Venga, vamos a recogerlo».

Piensa en las consecuencias de cada uno de los comentarios que se le han hecho a este niño. Desde la **actitud pesimista,** lo que se le dice al niño posiblemente determine que:

• Se porte mal y no aprenda nunca a portarse bien. Posiblemente se sienta inseguro y no confíe en sus posibilidades.

• Crea que las cosas que le salen bien no dependen de él, sino que puede hacer un buen regalo porque le ayudan los demás. No siente que su esfuerzo sea valorado y eso propiciará que cada vez ponga menos empeño.

• Crea que es un mal chico y que no puede hacer nada para cambiar.

Con la **actitud optimista:**

• El niño sentirá que puede superar sus dificultades, porque el adulto le da a entender que está aprendiendo a hacer las cosas y que eso lleva tiempo.

• El niño aprende que con su esfuerzo puede conseguir cosas bonitas y mejorar su comportamiento.

• El niño entiende que se pueden tener *fallos* de vez en cuando, pero no por ello deja de ser importante.

¿Cómo transmitir optimismo?

- **Con tu propia actitud.** En la vida del adulto pueden surgir muchas situaciones difíciles o conflictivas que nos hacen perder la confianza en nuestras propias capacidades o posibilidades. Intenta mantener un buen nivel de esperanza. Una actitud positiva te ayudará a ti, y es la mejor manera de que tu hijo aprenda a ser optimista.
- **Con tu lenguaje.** Transmite a tu hijo mensajes positivos con los cuales aprenda a ser más seguro, a confiar en sus posibilidades y en los demás, a verse como una buena persona...

SEGURIDAD Y AUTOESTIMA

Todo lo que hemos visto en el apartado dedicado al optimismo contribuye a afianzar la seguridad y la autoestima en tu hijo.

Pero es posible que te hayas quedado con la sensación de que favorecer una actitud optimista significa proteger a nuestro hijo y evitar que se enfrente a aquello que hace mal. Nada más lejos de la realidad. Con la actitud optimista conseguimos que aprenda de sus propios errores, pero sin que le inmovilice la postura que adoptamos, sino que le ayude a seguir confiando en que puede arreglar y mejorar las cosas.

Entonces, ¿debe uno enfadarse con el niño? Por supuesto. Tu hijo tiene que aprender que hay cosas que están bien y otras que están mal, pero para enseñárselo no son necesarios ni insultos ni descalificaciones. Lo mejor son las críticas constructivas, en otras palabras, regañarle pero permitiéndole descubrir que está en sus manos el hacer algo para mejorar.

Cómo hacer críticas constructivas

Las siguientes reglas pueden ayudarte:

• **Exactitud.** No exageres lo que ha ocurrido ni le restes importancia cuando la tenga. Todos cometemos fallos, errores, y los niños también. No censures a tu hijo de una forma exagerada, pues eso no haría más que aumentar la culpabilidad y la vergüenza.

Tampoco caigas en el error de evitar la censura. Si tu hijo ha hecho algo mal, hay que hacérselo ver. Si eres demasiado permisivo y pasas todo por alto, el niño nunca aprenderá a ser responsable ni tendrá ganas de cambiar y mejorar.

• **Haz críticas positivas y constructivas.** Evita las críticas que hagan entender a tu hijo que su comportamiento determina lo que él es («Has roto un plato, así que eres un niño malo»), y que eso ya es así para siempre («Eres malo y nunca mejorarás»). Por el contrario, procura que comprenda que lo que ha hecho mal se puede corregir («Has roto el juguete del niño; ahora tendrás que compartir el tuyo») y que un error no le convierte en un ser maligno.

Críticas negativas	Críticas positivas
Conducen a pensar que los fallos tienen que ver con la personalidad, no con el comportamiento.	Le permiten adquirir seguridad y no alimentan la culpa.
Impiden al niño mejorar o reparar el daño que ha hecho.	Le ayudan a mejorar o corregir su comportamiento, ya que le dan oportunidades para el cambio.

• **No faltes a la verdad.** Las cosas han sucedido de una manera determinada y no se trata de sobreproteger al niño. Está claro que tampoco hay que darles demasiada importancia. Hay un término medio en el que se dice la verdad, sin *machacar* al niño innecesariamente. Si el niño ve que le proteges, que le encubres, quitará importancia a su mal comportamiento.

• **Que no le critique todo el mundo por lo mismo.** Si tú ya te has enfadado con él, no hace falta que todo el mundo lo esté. Tu hijo no tiene por qué recibir castigos de todas las personas que le rodean. Ahora bien, si está castigado, es importante que todos los adultos que se relacionan con el niño respeten ese castigo.

• **Evita echar la culpa al carácter o a las capacidades del niño.** Es innecesario decir al niño que ha hecho algo mal porque es tonto, porque todavía no sabe leer o porque es un desastre. Las cosas han pasado y debemos aprender a describirlas tal y como han sucedido, pero sin alimentar la culpabilidad.

No olvides que...

No se trata de criar niños mimados. Tu hijo tiene que aprender a irse responsabilizando de sus actos. Debe asumir que está capacitado para controlar su comportamiento, y para ello necesita que tú, como adulto, le proporciones las pautas para una conducta adecuada y le ayudes a corregir la que no lo es tanto.

¿Cómo y cuándo elogiar?

Tu hijo buscará tu aprobación. Que tú le digas que algo que ha hecho «está muy bien» es uno de los mejores premios que puedes darle a esta edad.

Le hará sentirse orgulloso, fomentará su sensación de control y favorecerá el desarrollo de la seguridad en sí mismo.

Ahora bien, es prácticamente imposible que elogiemos todo aquello que el niño hace. Por otro lado, carece totalmente de sentido. Como adultos, hemos aprendido que las cosas están bien aunque nadie nos las reconozca. Somos capaces de hacer muchas cosas, pero no por ello buscamos la aprobación continua de los demás.

Tu hijo está iniciando este proceso. Al principio, necesitará que le refuerces todo lo que hace bien, porque de esa manera él sabe que lo ha hecho de forma adecuada y tú te aseguras de que esa conducta vuelva a repetirse.

Ahora bien, debemos tener en cuenta lo siguiente:

- Tenemos que elogiar a nuestros hijos cuando hayan conseguido algo, y no simplemente para hacer que se sientan bien. No podemos decir a un niño de 6 años que ha trazado una raya en una hoja que nos encanta el elefante que ha dibujado (a no ser que se trate de un caso especial). El niño no confiará en el adulto si éste, continuamente, le está elogiando.

- Si nos conformamos con esa raya y no motivamos al niño para que pinte algo más, le estamos apoyando en la ley del mínimo esfuerzo. Es como si le estuviéramos diciendo: «Da igual cuánto te esfuerces, a mí me parecerá siempre estupendo».

- No conviene exagerar los logros. Si ante un éxito pequeño, montamos toda una fiesta y nos deshacemos en elogios, ¿qué haremos cuando consiga alcanzar una meta más difícil? Hay que conceder importancia a cada cosa y valorarla en el momento preciso. No es lo mismo la primera vez que un niño consigue leer una página de un libro, que la vigésima primera vez que lo hace.

- No hay que ocultar el fracaso. Las cosas no siempre salen bien: a veces porque no nos esforzamos, otras porque intervienen otros factores (ese día no habíamos dormido bien). Si un niño fracasa en una determinada tarea, debemos seguir animándole y dividirla en pasos más sencillos que el niño pueda ir resolviendo sin sentirse frustrado.

TIEMPO LIBRE Y OCIO

Nuestra sociedad cada vez da más importancia al tiempo libre y nos ofrece más recursos para disfrutar de él. Hay actividades para todos los gustos, aunque a veces nos dejamos llevar por los eslóganes publicitarios o por las modas, sin reflexionar realmente sobre lo que queremos hacer con nuestro tiempo libre.

Por otro lado, la relevancia que el ocio está cobrando en nuestra vida puede dejar al margen otros valores que también son esenciales. Basta escuchar los mensajes que desde los medios de comunicación se nos envían sobre lo triste que es que llegue el lunes o el «¡Ya falta menos para el fin de semana!». Desde luego, tiene más sentido educar a los niños para que aprendan a disfrutar del día a día, de todo aquello que hacen en cada momento.

Pero volvamos al tema que nos ocupa. En el caso de tu hijo, el tiempo libre debe concebirse como un espacio para el ocio en el que realmente pueda hacer cosas que le apetezcan. En este sentido, las actividades al aire libre son las más adecuadas para él. Tu hijo necesita correr sin peligros ni límites.

Por otro lado, tú puedes ir orientándole acerca de cómo disfrutar de ese tiempo si le ofreces las siguientes opciones:

- **Salidas a la naturaleza.** La montaña, el campo, el bosque... se convierten en visitas casi obligadas. El niño necesita entrar en contacto con la naturaleza, correr libremente por ella, descubrir los animales y las plantas, comprobar cómo se suceden las estaciones y los cambios que conllevan... Es cierto que no siempre es fácil, pero no podemos descartar esta posibilidad.

- **Visitas culturales.** Sí, ya sé que te parece pequeño para hacer ciertas cosas, pero te sorprendería descubrir cuánto puede disfrutar tu hijo con una visita especialmente diseñada para niños a un museo o con una representación de teatro infantil. No dejes que sean actividades exclusivamente escolares y enseña a tu hijo a disfrutar de las manifestaciones artísticas que nos rodean. Ofrécele también la oportunidad de descubrir las fiestas tradicionales; anímale a que participe en los juegos populares y a que conozca tanto su propia cultura como la de otras personas.

- **Actividades deportivas.** La actividad que realiza tu hijo a esta edad es mayormente física. Favorece que pueda correr y saltar sin peligro y sin demasiados límites.
- **Los juegos.** Ya hemos visto cuáles son los juguetes más adecuados. Permite que experimente con ellos y enséñale juegos en los que tenga que pararse a reflexionar y potenciar sus capacidades.
- **Las nuevas tecnologías.** El ordenador, la videoconsola, el DVD cada vez están más al alcance de todos. Tu hijo de 6 a 8 años puede ir tomando contacto con estos recursos. Acompáñale en este proceso.
- **La vida diaria.** Las actividades del día nos proporcionan una excelente oportunidad para disfrutar del tiempo libre. Sí, ya sabemos que hacer la limpieza semanal no es plato de gusto, pero quizás podamos cambiar de actitud y convertirla en algo atractivo, sobre todo si queremos transmitir a nuestros hijos la importancia del orden y la limpieza. Permite a tu hijo que entre en la cocina a *cocinar* algunos platos, que te ayude a limpiar el coche... Recuerda que a esta edad el niño es especialmente colaborador y que se encuentra en un magnífico momento para adquirir hábitos y habilidades.

La verdad

Desde pequeño, al niño hay que decirle siempre la verdad ya que sólo podrá depositar plena confianza en la autoridad de sus progenitores si tiene la certeza de que no se le engañará en ningún momento. La mentira de los padres sirve de ejemplo al hijo y suscita sus deseos de no decir la verdad.

Fomentar la verdad no es tarea demasiado difícil para padres y educadores si se siguen una serie de pautas, como:

• Descubrir siempre la verdad, evitando que la mentira se vuelva rentable.

• Motivar, reforzar y alentar al niño a que siempre diga la verdad.

• Intentar que la verdad esté continuamente presente en todos los miembros de la unidad familiar.

• Dejar que los hijos hablen de todo con libertad, sin temor a ser criticados o ridiculizados.

CAPÍTULO XVII

Entra en el mundo de tu hijo

Realmente sólo podemos entender a una persona cuando somos capaces de ponernos en su lugar.

Para tu hijo de 6-8 años existe un modo de entender el tiempo, la vida, la actividad, las relaciones... Y aunque es cierto que todavía no razona como un adulto, también lo es que el mundo que nos presenta es apasionante y lleno de encanto.

Entrar en el mundo de nuestros hijos supone recuperar nuestra parte de niños para volver a jugar sin prisas, fantasear sobre la realidad o sentir curiosidad por todo lo que nos rodea.

Al mismo tiempo, le proporcionamos nuestra propia visión del mundo, aunque no resulte tan divertida. Padres e hijos aprenden los unos de los otros, pero todo es más fácil cuando el adulto (que es quien tiene capacidad para hacerlo) opta por acercarse al niño y conocerle en profundidad.

SÉ CONSCIENTE DE SUS PROGRESOS

Mario tiene 7 años. Se ha levantado a las ocho para ir al cole. Después de lavarse la cara, se ha tomado el desayuno y se ha ido a su cuarto a vestirse. Mientras espera a su padre, se pone a leer un tebeo. Cuando van a salir, se da cuenta de que el asa de la cartera está rota. Su padre le echa la bronca y le dice que no está pendiente nunca de nada, que sólo le interesa leer tebeos.

No sabemos muy bien por qué, pero parece ser que las conductas negativas o inapropiadas son las que más llaman la atención de los educadores. Los niños *buenos* suelen pasar desapercibidos porque no molestan, no necesitan nada... Pero cuando las cosas van mal, todo es diferente.

Es un grave error centrarse en una parte de la conducta de los niños. Todos cometemos errores, y ellos también. En el caso de Mario, fíjate en todas las conductas positivas que ha realizado. Realmente puede y sabe hacer muchas cosas por sí solo. Pero su padre se fija en

el último aspecto —en el hecho de que la cartera esté descosida— para decirle que nunca
se ocupa de nada, que sólo le importa leer.

Nuestra mente nos juega esta mala pasada en muchas ocasiones. Nos hace dar más valor e importancia a lo malo que a lo bueno, y
eso es terrible a la hora de educar.

Es cierto que a Mario, como a otros muchos
niños, le queda mucho por aprender; siempre
tendrá que mejorar en algún aspecto (como nos
pasa a cualquiera de nosotros). Pero lo importante como educadores es que nos centremos
también en los progresos para que transmita-
mos a nuestros hijos la seguridad y la confianza que necesitan para seguir progresando.

Siempre acompañando

A medida que tu hijo crece, va conquistando una mayor autonomía. Pero entre los 6 y los 8 años va a necesitar que le acompañes y que supervises muchas de las cosas que hace.

Está claro que debes permitirle que haga sólo aquello para lo que esté capacitado, pero eso no significa que debas perderle de vista. Podrá vestirse sin tu ayuda, pero posiblemente necesite un último vistazo para comprobar si se ha abotonado bien o si lleva los cordones atados.

No esperes que lo haga todo perfectamente. Está aprendiendo y sigue necesitando que estés pendiente de él en muchas cosas. No le hagas sentir que depende de ti y ve valorando sus progresos.

La ineficacia del castigo

El castigo tradicional consiste en aplicar una consecuencia negativa para conseguir eliminar una determinada conducta (castigar de cara a la pared, mandar escribir un listado enorme...). Además de insistir una vez más en lo inútil que resulta pegar o insultar a nuestro hijo cada vez que se comporta de manera inadecuada, es conveniente que tengamos en cuenta otras desventajas del castigo. Si sólo utilizamos el castigo para educar a nuestro hijo, nos podemos encontrar con que:

- Únicamente respete a la persona que le castiga. Actuará por miedo, no porque entienda que se ha portado mal.
- No aprenderá cuál es la conducta adecuada. Sólo sabrá que no puede gritar, pero si no le refuerzas cuando habla más bajo, no aprenderá a hacerlo.
- Intentará evitar a la persona que le castiga.
- Pueden aparecer en el niño sentimientos negativos como miedo, culpa, ansiedad, inseguridad...

La educación que hemos recibido determina que el castigo sea algo realmente instaurado en nuestra forma de ver las cosas. Pero raramente nos paramos a reflexionar sobre su significado y lo que realmente aporta al niño.

En cierto modo, como adultos, pensamos que así dejamos claro «quién manda» y en el fondo, al castigar, queremos que el niño se dé cuenta de que ha hecho algo malo, pero haciéndole sufrir y pasarlo mal. La clásica expresión «la letra con sangre entra» está muy presente en nuestro modo de entender la educación. Ya es hora de que superemos el viejo dicho latino y busquemos formas alternativas de inculcar al niño los comportamientos y valores que creemos adecuados.

Otras veces, es nuestro propio enfado o falta de capacidad de ejercer control sobre nuestro hijo lo que determina que le castiguemos. Nos dejamos llevar por ese arranque de cólera e incluso le amenazamos con castigos que luego son imposibles de cumplir. Así que, ante todo, calma.

Un tiempo para reflexionar

Una técnica muy eficaz para conseguir que un comportamiento inadecuado no se repita es mandarle un tiempo a otra habitación para que se tranquilice y reflexione sobre lo que ha sucedido. No se trata de recluirle en su cuarto durante toda la tarde, sino de concederle unos minutos para que se calme y piense. Unos ocho o diez minutos pueden ser suficientes. Hazle ver que todos podemos perder el control en un momento determinado y que ese ratito a solas le ayudará a sentirse mejor.

Después, no prestes demasiada atención a tu hijo ni le llenes de abrazos ni de besos tratando de disculparte como si te sintieras mal por mandarle a otro cuarto. Permite que las cosas sigan su curso.

Tu hijo tiene que aprender a respetar unas normas; es lógico, entonces, que te enfades con él, que le hagas razonar, que le prives de algo que le gusta... cuando no se comporta de manera apropiada. Pero no caigas en el error de imponerle castigos que finalmente no llevas a cabo, porque entonces aprenderá a no confiar en tu autoridad. Ni tampoco te dejes llevar por los nervios del momento. Si te das cuenta de que estás demasiado alterado, dile a tu hijo que ya hablaréis más adelante sobre las consecuencias de su acción y párate a reflexionar sobre lo que consideras más adecuado.

EL REFUERZO: UNA ALTERNATIVA AL CASTIGO

El término *refuerzo* equivale a *premio* en su sentido más amplio. Es decir, engloba todas aquellas consecuencias positivas que podemos obtener tras realizar una determinada acción.

Para los niños pequeños, el mejor refuerzo que puedes ofrecerle es tu atención. Que les hagas caso se convierte en el premio más poderoso. Los pequeños premios materiales, como alguna chuchería, también son eficaces, pero no conviene abusar de ellos y, mucho menos, prometer cada día cosas mucho más valiosas, porque acostumbraríamos al niño a obtener, cada vez que se comporte de una determinada forma, más y más regalos. Si no somos cuidadosos, podemos establecer una relación de chantaje: tu hijo te pide más y más por hacer algo que forma parte de sus responsabilidades, y si no se lo das, no lo hace.

También es útil recompensar con actividades agradables: podemos ir al parque o ver una película en casa porque has terminado los deberes o porque hoy la profesora me ha dicho que te has portado mucho mejor esta semana.

Ten en cuenta que, si un niño realiza una acción determinada y los adultos le premian por ello, esa conducta se volverá a repetir.

Fíjate que puede ocurrir que, a veces, sin darnos cuenta, podemos estar reforzando conductas inadecuadas que no queremos que se repitan. Así ocurre, por ejemplo, cuando nuestro hijo quiere llamar nuestra atención a toda costa y como nosotros no se la prestamos termina rompiendo ese jarrón que hay sobre la mesa. Es entonces cuando tú dejas todo lo que estás haciendo para dirigirte a él, aunque sea para regañarle por lo que ha hecho. Está recibiendo un refuerzo a una acción que no es la adecuada. No esperes a que tu hijo se porte mal para hacerle caso.

Algunas consideraciones sobre el refuerzo:

- El mejor refuerzo que puedes proporcionar a tu hijo es tu atención. Préstasela cuando quieras que una determinada conducta se mantenga. Por otro lado, no te olvides de sentarte con él a jugar, a ver una película, a leer un libro... Tu compañía es de lo más agradable para él.

- No a todos los niños le gustan las mismas cosas. Algunos padres se quejan porque sus hijos no mejoran su comportamiento aunque les refuerzan con lo que puede ser atractivo para ellos, por ejemplo, ver una película. Pero es que a lo mejor, a ese niño, lo que realmente le gusta es salir al parque y correr libremente (puede que, incluso, le cambien los gustos de un día para otro). Descubre qué es lo que motiva a tu hijo.

- No utilices recompensas muy a largo plazo con tu hijo pequeño. Una bicicleta a final de curso de poco servirá para que se aplique un poco más en clase. Busca refuerzos más inmediatos y que puedan dar respuesta a un comportamiento concreto, del día a día.

- Aplica el refuerzo justo después de que se haya comportado como se espera de él. Así se convertirá en un hábito. Una vez establecido éste podrás utilizar el refuerzo de una manera periódica.

Capítulo XVIII

Sobre las normas

Todos necesitamos normas, reglas que rijan nuestra conducta y que nos permitan saber qué es lo adecuado en cada situación para favorecer la convivencia entre las personas.

A partir de los 6 años, la capacidad de reflexión de tu hijo ha aumentando considerablemente. Todo lo que está viviendo y las relaciones que mantiene con los demás le proporcionan un conocimiento más amplio sobre cuáles van a ser las consecuencias de su comportamiento, lo cual le permite ejercer cierto control sobre el mismo. Los premios y los castigos le ayudan a regular sus emociones y sus acciones.

Si en el hogar se le ha inculcado la importancia de las normas, se le ha explicado para qué sirven y existe una relación coherente entre su cumplimiento y lo que se deriva de él, lo más lógico es que el niño se acostumbre a respetarlas sin demasiados problemas. No olvides que a esta edad tu hijo es bastante obediente, pues intenta hacer todo lo posible para que estés contento con él.

No es momento para pedirle cualquier cosa sin más, sino de hacerle razonar sobre el porqué de las normas. Más adelante, tu hijo estará capacitado para criticarlas, y es importante que tú le escuches para irlas modificando, de manera que, finalmente, las normas sean un verdadero consenso entre todos los miembros de la familia.

Las normas también deben ser revisadas. El niño debe encontrar una razón para poder confiar en ellas y cumplirlas. Habrá que adaptarlas a las nuevas necesidades y, sobre todo, adoptar una actitud ecuánime que permita al niño justificar el incumplimiento de alguna de ellas.

Y a veces habrá que saltarse las reglas. Por ejemplo, es importantísimo que a edades tempranas existan hábitos y rutinas que regulen la vida del niño. Pero tu hijo de 6 a 8 años es capaz de entender que un día se pueda aplazar la hora del baño o de ir a la cama porque habéis tenido una visita. Esto no alterará el sentido de la norma si le explicas que admite excepciones. De este modo le permitirás, por otro lado, tener una mente abierta y flexible, capaz de responder ante los cambios que puedan surgir.

Si todo esto ocurre, las normas que se han vivido de forma razonada y coherente acabarán teniendo validez para tu hijo no sólo porque tú lo digas, sino porque él las considera importantes.

LAS BUENAS NORMAS

Para que las normas puedan ser realmente útiles es esencial que:
- Sean claras y sencillas. Tu hijo ya no es un niño pequeño, pero no debes agobiarle con demasiadas normas.
- Seas coherente y no utilices las normas de forma arbitraria. Es cierto que hay que ser flexible respecto a ellas, pero no puedes estar continuamente cambiando de criterio.
- No te dejes llevar por tus emociones ni por tu estado de ánimo para establecer las normas. Ya hemos visto que deben ser coherentes y también estables. Imagínate que siempre permites a tu hijo que juegue un tiempo en la bañera con sus juguetes, pero hoy has tenido un mal día, quieres que se dé prisa... «Se acabó —le dices— a partir de ahora ya

no se juega». Procura ser justo y reconocer cuándo la norma tiene sentido y cuándo no.

- Intentes que sean normas consensuadas entre todos los adultos responsables de la educación de tu hijo. A veces es difícil, pero entre los padres, los abuelos y otros cuidadores, es fundamental que existan unos mismos criterios para no dar a los niños normas contradictorias.

- Seas firme a la hora de hacer respetar una norma, pero siempre desde el cariño. Es la única manera de que éstas cobren significado para tu hijo.

Enseña a tu hijo a esperar

La actividad, la impulsividad y la impaciencia son rasgos característicos de los niños. Están tan llenos de energía que necesitan hacer muchas cosas al mismo tiempo. Es normal que tu hijo de 6 años coja un juguete y luego otro, sin que apenas haya dado tenido tiempo de disfrutar del primero. Parece que no le cuesta emprender cualquier actividad, pero se cansa rápidamente y quiere iniciar otras. Esto es algo completamente normal.

Por otro lado, va adquiriendo una mayor capacidad para entender que no puede ir tan rápido ni conseguir todo en el momento en que lo pide. Enséñale que es importante aprender a esperar, pues eso le permitirá adquirir un mayor dominio sobre sus emociones y sobre su comportamiento.

Por otro lado, recuerda que las normas deben ajustarse al nivel de maduración de tu hijo. Cada niño tiene su propio ritmo de desarrollo y aceptarlo es fundamental para irle exigiendo aquello que entra dentro de sus posibilidades. No le pidas más de lo que puede hacer, pues correrías el riesgo de favorecer la inseguridad y la frustración en tu hijo, y tampoco le sobreprotejas, pues les estarías impidiendo madurar.

SÓLO TE LO DIRÉ UNA VEZ

¿Cuántas veces le tienes que pedir a tu hijo que haga algo hasta que consigues que te obedezca? Fíjate en la siguiente secuencia; quizá te resulte conocida:

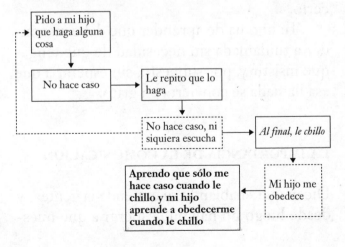

221

Como padre o madre terminarás creyéndote que si gritas consigues tener autoridad sobre tu hijo, cuando lo cierto es que no deberías llegar a ese extremo.

Por otro lado, tu hijo parece no prestarte atención cuando le pides cuatro o cinco veces lo mismo; para él no tiene ningún valor, porque ha aprendido que en un momento dado tú le chillarás y será entonces cuando deba hacerte caso. Aprende que puede *pasar* de ti hasta hacerte perder la calma. Enséñale que no vas a llegar hasta ahí y que no repites las cosas más de una vez.

En este caso ha faltado algo de firmeza por parte del educador. Posiblemente no existan unas normas claras que establezcan lo que hay que hacer ni las consecuencias de no hacerlo.

Tu hijo ha de aprender que debe responder a tu llamada sin necesidad de que tengas que insistir y, por supuesto, sin esperar a que esa llamada se convierta en grito.

LA IMPORTANCIA DE LA COMUNICACIÓN

Dicen que «hablando se entiende la gente», y desde luego no hay que esperar a que nuestro hijo se convierta en una persona adulta para hablar con él.

Tu hijo comprende muchas más cosas de las que tú te imaginas, y podéis disfrutar mucho de su forma de entender el mundo. Tú le aportarás tu experiencia y tus vivencias.

No caigas en el error de hablar con él sólo para transmitirle normas y conseguir que te obedezca. La vida diaria ofrece muchas opciones para compartir pensamientos, ideas y sentimientos.

No dudes en contarle cómo te sientes, adaptándote al nivel de tu hijo. Está claro que no le puedes tratar como a un adulto, ni convertirle en un amigo con el que te desahogas, pero no le dejes al margen de tu vida, sobre todo en aquellos aspectos que consideres relevantes. Imagínate que tienes que operarte; ocultárselo le creará mucha más ansiedad que si le explicas lo que va a pasar, haciéndole ver que después te sentirás mejor y que necesitas contar con él mientras te recuperas.

Muchas veces somos los adultos los que tememos comunicarnos. Intenta ir superando esos miedos y hablar con naturalidad de todo aquello que forma parte de la vida. No te niegues, como norma, a hablar de sexualidad, de sentimientos o de lo que te preocupa. Intenta superar tus prejuicios; en este sentido, la espontaneidad de tu hijo puede ayudarte mucho.

Tu papel como padre/madre

- La importancia del diálogo. El niño ya puede hablar con sus padres y discutir las normas; los padres deben hacer razonar al niño sobre la utilidad de las mismas y, cómo no, servirles de ejemplo.
- El niño se muestra servicial y participativo y, por lo tanto, puede hacerse cargo de una serie de responsabilidades adecuadas a su edad.
- El niño estará capacitado para elegir en la medida en que nosotros le facilitemos el proceso y los elementos necesarios para que la elección sea adecuada.
- Ante cualquier dificultad, mostraos como el punto de apoyo que le ayude a restablecer el equilibrio.
- Tratad los problemas en el momento en que surjan; normalmente el tiempo, por sí solo, no soluciona las cosas.

Capítulo XIX

La importancia del estilo educativo

En función de las experiencias que hayas vivido, de la relación que hayas mantenido con tus padres, del conocimiento que hayas adquirido durante toda tu vida y de las reflexiones que hayas hecho sobre educación, establecerás con tu hijo un estilo educativo u otro.

Numerosos estudios han demostrado la importancia que el estilo educativo de los padres tiene en el desarrollo de la personalidad de sus hijos. Ser más o menos autoritario, democrático, permisivo, sobreprotector... determina que nuestros hijos sean de una manera u otra.

Hay que tener en cuenta que no existen estilos educativos *puros*, es decir, que podemos actuar mezclando diferentes estilos, o ser más autoritarios en unos momentos que en otros y más permisivos cuando lo creemos conveniente.

Ahora bien, es importante que conozcamos las características de los estilos educativos que tradicionalmente se han venido describiendo, así como las consecuencias que en nuestros hijos tiene el hecho de que nos comportemos de una u otra forma.

Reflexiona sobre la información que te ofrecemos a continuación, intenta descubrir cuándo te comportas de ese modo, analiza las posibles consecuencias que puede tener, haz memoria y recuerda las reacciones de tu hijo, etc. Puede serte muy útil hablar de este tema con otras personas, a la hora de encontrar ese estilo educativo que permite que tu hijo crezca de una manera sana.

¿Cómo respondes al comportamiento de tu hijo?

Eres demasiado PERMISIVO cuando:
• No impones normas ni límites al comportamiento de tu hijo. Le permites que haga lo que considera más adecuado en cada momento.
• Los deseos de tu hijo son los que mandan. Te dejas llevar fácilmente por sus rabietas, y con este método tu hijo consigue lo que desea.

- Para ti, lo más importante es evitar el conflicto. Con tal de no discutir, haces lo que sea.

> *Si actúas siempre de forma permisiva, tu hijo aprenderá rápidamente que puede hacer lo que le viene en gana y no atenderá a razones ni a normas cuando trates de imponérselas. Posiblemente se convierta en una persona poco responsable, evitará el esfuerzo y será bastante infantil.*

Eres demasiado AUTORITARIO cuando:
- Se hace lo que tú dices, porque lo dices tú y ya está. No razonas con tu hijo las normas. A veces cambias las normas a tu antojo, y no permites que te pregunten el porqué.
- Las normas y los límites son inflexibles. Todo se hace de una determinada forma, a una hora en concreto... No permites que nada se salga de la rutina.
- No prestas atención a los deseos de tu hijo y haces lo que consideras adecuado sin tener en cuenta nada más.

> *Si actúas siempre de forma autoritaria, tu hijo no aprenderá a distinguir entre lo que está bien y lo que está mal, porque todo depende de tu criterio. Es posible que crezca con miedo y con falta de iniciativa.*

Eres SOBREPROTECTOR cuando:
- No permites que tu hijo haga aquello para lo que está capacitado. Casi siempre vas tú

por delante de él, impidiéndole que descubra por sí mismo cómo funcionan las cosas o cómo resolver sus propios problemas.

- Intentas evitar a tu hijo todas aquellas situaciones que consideras pueden dañarle de alguna manera.
- La mayoría de las ocasiones, tus consejos y advertencias van unidos a sentimientos de miedo: «¡No hagas eso que te puedes caer!».

Si con frecuencia actúas de forma sobreprotectora, tu hijo no aprenderá a hacer nada por sí solo, dependerá siempre de ti. A estas edades, lo más probable es que el niño crezca rodeado de miedo e inseguridades. Más adelante, puede rebelarse contra todo aquello que tú consideras adecuado.

Eres DEMOCRÁTICO cuando:

- Eres capaz de poner normas atendiendo a las necesidades de tu hijo. Sabes que las normas pueden ser flexibles y adaptarse a las diferentes circunstancias.
- Tienes en cuenta los deseos del niño. Esto no significa que le dejes hacer lo que él desea sin más, pero sí que valoras su opinión, le escuchas, le permites elegir dentro de lo posible...
- Intentas razonar las normas con tu hijo, haciéndole ver que los límites son importantes y cuáles son las consecuencias de un comportamiento inadecuado.

> *Si actúas de forma democrática, tu hijo sabrá distinguir las conductas adecuadas de las que no lo son, independientemente de que le premies o castigues por ello. En general, será una persona segura de sí misma, con capacidad para opinar y tomar decisiones.*

Decálogo para educar

1. AMAR. Porque sólo desde el amor a nosotros mismos podemos amar al niño, y porque sólo desde el amor podemos ayudarle a encontrar lo mejor de sí.
2. ESPERAR LO MEJOR de nuestro hijo y dar por seguro que logrará lo que se proponga.
3. POTENCIAR las aptitudes, cualidades y valores preexistentes en nuestro hijo, ayudándole a descubrir su propia individualidad.
4. SER EJEMPLO VIVO, ya que educamos no sólo con lo que decimos, sino también con lo que hacemos, sentimos, pensamos, comunicamos...
5. ESTIMULAR Y ALENTAR, fomentar lo bueno, estar atentos a captar lo más positivo de nuestros hijos y alentarles a que no se desanimen con los errores y fracasos.

6. **PONER LÍMITES** que le permitan distinguir entre lo que es adecuado y lo que no lo es.

7. **MOTIVAR** para que se esfuerce y haga lo que debe, aunque le cueste y no sea agradable.

8. **PROPICIAR Y ENSEÑAR EMPATÍA,** que «el otro» es su semejante y no debe dejarle indiferente.

9. **DAR SEGURIDAD, AMPARO Y PROTECCIÓN,** pero sin mimos ni sobreprotecciones.

10. **COMUNICAR.** Transmitir todo lo que somos, sentimos y valoramos a través de un lenguaje cuidado que respete la individualidad de nuestro hijo.

CAPÍTULO XX

Vivir nuestra salud
Por la Dra. María Sáinz

La infancia es el momento de hacer acopio de casi todos los *ladrillos* de la salud para construir una vejez con calidad de vida.

Los niños y niñas aprenden tanto en la escuela, como en la familia, los valores y modelos sociales, pero además tienen la gran oportunidad de adquirir conocimientos, actitudes y comportamientos relacionados con la salud que les van a permitir aumentar sus capacidades como personas para afrontar todas sus necesidades vitales.

La sociedad del siglo XXI posee, gracias a los medios de comunicación de masas, un gran potencial pedagógico relacionado con los modelos y valores que influyen día a día en las percepciones de los niños, y que puede apoyar o contrarrestar las influencias de los aprendizajes que se transmiten en el seno de la familia y en la escuela, tanto en lo que se refiere a la instrucción formal como a la capacitación social para vivir en comunidad.

Así las cosas, las familias tienen que comunicarse con la escuela como una entidad con valor social, no sólo pedagógico, todas las veces que necesiten y puedan, a fin de ayudar en la coeducación de los niños.

La escuela tiene que ser una estructura abierta y participativa con las familias, para desarrollar este proceso común de coeducación, formación e instrucción de la futura juventud. La sociedad entera, como escenario de la vida común, tiene que participar activamente en ese esfuerzo colectivo y dinámico de enseñar y aprender a vivir la salud.

Partiendo de estos supuestos básicos para la convivencia y el aprendizaje de la salud en la infancia, los puntos que deberíamos tener presentes son los siguientes:

• Hay que valorar la salud como un estado de bienestar físico, psíquico y social, no sólo como ausencia de enfermedad o minusvalía (como recomienda la Organización Mundial de la Salud).

• Hay que practicar estas máximas pedagógicas:

Si lo oigo, lo olvido
Si lo veo, lo recuerdo
Si lo hago, lo sé.

• Hay que recordar que el juego es imprescindible como método didáctico en esta etapa.

Para favorecer nuestro potencial de salud en la etapa de 6 a 8 años, cuando las herramientas pedagógicas de la lectura, la escritura y las matemáticas han comenzado a surtir los efectos enriquecedores de la **herencia cultural,** tenemos que recordar el decálogo siguiente:

La familia, el hogar y la comunidad

1. Conviene que el niño participe en las labores familiares de la casa: mantenga limpia y ordenada su habitación y colabore en las tareas comunes, como poner o quitar la mesa, limpiar, barrer, regar las plantas, etc.

2. Hay que prevenir los accidentes en la casa y en la calle. El niño no debe encender mecheros ni cerillas, y se evitará el uso de cuchillos de cocina si no hay cerca una persona adulta.

   Atención al cruzar las calles
   solo o con la pandilla de amistades.
   ¡Hay que mirar antes de cruzar!

3. Deben conocer y cuidar su cuerpo, aprender las funciones básicas de la cabeza, tronco y extremidades. Por ejemplo, en la cabeza se encuentran el cerebro, y la cara, donde están algunos órganos de los sentidos como:

   Los ojos, que sirven para mirar y ver.
   La nariz, para respirar y oler.
   La boca, con los labios para besar y la lengua para gustar.
   Las orejas y oídos, para oír y escuchar.

4. Se mantendrán las habilidades higiénicas: ducha, lavado de manos, lavado de dientes, lavado de cara y orejas.

   ¡Después del váter, el jabón y agua abundante!
   ¡Las manos hay que lavar y después comerás!
   ¡Limpiar y ordenar para después jugar!

5. Es recomendable que el niño duerma unas nueve horas para descansar y reponer las fuerzas de esta etapa de gran actividad física e intelectual. Si un niño no duerme o descansa lo suficiente se altera, se pone nervioso, irritable e incluso deja de comer, por lo que el cuerpo estará peor defendido contra la enfermedad. También la vida normal se altera: puede dormirse cuando necesite estar despierto, e inclu-

so tendrá dificultades para realizar el trabajo escolar.

6. Los alimentos tienen que ser variados y abundantes en hidratos de carbono (pan, pasta, arroz, patatas), grasas (mantequilla y aceites vegetales) y proteínas (carne, pescado, legumbres…). Ha de tomar frutas y verduras (vitaminas y minerales) en abundancia, mucha leche y/o derivados y además otros líquidos (agua y zumos).

7. En cuanto a la prevención de las enfermedades:

- No olvidar el calendario de vacunas y si están al día las dosis de recuerdo.
- Cuidar las vacunas, alimentación e higiene de los animales de compañía. Visitar al veterinario si es necesario.
- Atención a la caída de los dientes de leche antes de los definitivos, especialmente los incisivos. Hay que apoyar y reforzar al niño para que conozca esta señal de crecimiento y desarrollo.
- Las caries dentales se previenen con el lavado y cepillado de dientes después de las comidas. Visitar al odontólogo.
- No debe olvidarse nunca el lavado de dientes que se hace después de cenar, antes de dormir.

- La completa higiene dental incluye, además de la pasta dentífrica con flúor, el uso de colutorios.
- Atención a la higiene visual y/o dificultades oculares, así como a los problemas auditivos y/o del lenguaje.

    ¡La televisión se ha de ver poco, lejos y después!

    La hiperactividad infantil suele expresarse en esta etapa, coincidiendo con una mayor exigencia escolar.

    Si se detecta algún problema específico, habrá que concertar cita con el médico pediatra y/o profesionales especializados de estos trastornos sensoriales.

8. Otras medidas son:
   - Promover la lectura, la escritura, las manualidades, el dibujo y la pintura, pues son habilidades y conocimientos de gran valor en esta etapa del desarrollo y crecimiento infantil.
   - Hay que favorecer la higiene mental y las capacidades sociales de los grupos familiares a través del ejercicio de actividades de ocio y cultura, pues las bellas artes fomentan el desarrollo sociocultural.

- Potenciar la educación física y el deporte para el desarrollo y crecimiento personal y familiar.
- Proporcionar la ropa, zapatos y complementos adecuados según las actividades y las estaciones del año.

La escuela y el profesorado

9. Prevenir las enfermedades desde la escuela significa lo siguiente:
   - Enseñar y recordar la importancia del calendario de vacunaciones.
   - Enseñar a pedir y utilizar el botiquín escolar.
   - Enseñar el concepto básico de enfermedad a través, por ejemplo, del análisis de alguna dolencia común, como el catarro o la diarrea.
   - Enseñar cuáles son los parásitos más frecuentes que se pueden padecer: piojos, oxiuros y lombrices.
   - Enseñar a pedir ayuda para prevenir accidentes en la casa, escuela, plazas y calles del pueblo, barrio o ciudad.
10. Promover la salud en la comunidad escolar significa lo siguiente:
    - La escuela ha de colaborar con los padres y madres, además del consejo esco-

lar, para hacer jornadas, campañas y programas de salud.

- Debe hacerse hincapié en el juego como método pedagógico para favorecer los conocimientos sobre la higiene personal, de ropa, calzado y complementos.
- Se fomentará la higiene y el orden en el aula, tanto de los juguetes y libros, como del mobiliario escolar.

Bibliografía recomendada

Leer te da más. Guía para padres. Ministerio de Educación, Cultura y Deporte. Madrid, 2002.

Esta guía ofrece consejos para padres para animar a la lectura de sus hijos, con pistas sobre las lecturas recomendadas y juegos para realizar en casa.

MEEKS, C.: *Recetas para educar*. Ed. Médici, Barcelona, 1993.

La autora plantea situaciones de la vida diaria que crean conflicto entre padres e hijos; con ejemplos y muchas ilustraciones, nos orienta sobre el modo de resolverlas.

NELSEN, J.: *Disciplina positiva*. Oniro, Barcelona, 2002.

La autora reflexiona sobre la disciplina, aportando pautas para iniciar a los niños en el arte de la autodisciplina. Proporciona a los padres y educadores las herramientas necesarias para ayudar a los niños a manejar su propio comportamiento.

PEINE, H.A. Y HOWARTH, R.: *Padres e hijos: problemas cotidianos de conducta*. Siglo XXI, Madrid, 1992.

Breve manual de intervención que pueden poner en práctica los padres para solucionar pequeños problemas en la conducta de sus hijos.

STEEDE, K.: *Los 10 errores más comunes de los padres... y cómo evitarlos*. Madrid, EDAF, 2002.

La disciplina, la coherencia y la comunicación, son las claves de este libro dirigido a potenciar la actitud positiva en la relación educativa que mantenemos con nuestro hijo.

TIERNO, B.: *Educar hoy*. Ed. Paulinas, Madrid, 1994.

Pautas educativas para padres con hijos entre los seis años y la juventud. Se analizan las características del desarrollo evolutivo y orientaciones para situaciones concretas.

—*Todo lo que necesitas saber para educar a tus hijos*. Plaza & Janés, Barcelona, 2000

Es un manual básico, fácil y de ágil consulta, que expone las principales fases del desarrollo del niño, los problemas más frecuentes que pueden surgir y los retos que deparan los cambios sociales y tecnológicos del nuevo milenio.

Para conocer más sobre psicología infantil:

Delval, J.: *El desarrollo humano*. Siglo XXI, Madrid, 1994.

Franco, T.: *Vida afectiva y educación infantil*. Narcea, Madrid, 1988.

Marchesi, A.; Carretero, M. y Palacios, J.: *Psicología evolutiva*. Alianza Editorial, Madrid, 1991.

Seligman, M.E.P.: *Niños optimistas. Cómo prevenir la depresión en la infancia*. Grijalbo, Barcelona, 1999.

Turiel, E.; Enesco, L. y Linaza, J.: *El mundo social en la mente infantil*. Alianza Psicología, Madrid, 1989.

Direcciones web:

En las siguientes páginas web encontrarás información diversa sobre el desarrollo del niño, así como consejos prácticos para educar:

www.cnice.mecd.es/recursos2/e_padres
www.cibereduca.com
www.educar.org
www.cyberpadres.com